I0039413

8º L²ⁿ
24053

Conforme à la couverture

Collection du Bibliophile français

ANATOLE FRANCE

ALFRED DE VIGNY

ÉTUDE

Eau-forte par G. STAAL

PARIS

LIBRAIRIE BACHELIN-DEFLORENNE

3, QUAI MALAQUAIS, 3.

—*Au premier, près de l'Institut.*

M DCCC LXVIII

ALFRED

DE VIGNY

$\text{In}^{8/}$

Paris.—Imprimé chez Jules BONAVENTURE,
quai des Grands-Augustins, 55.

ANATOLE FRANCE

ALFRED

DE VIGNY

ÉTUDE

Eau-forte par G. STAAL.

PARIS

LIBRAIRIE BACHELIN-DEFLORENNE
3, *Quai Malaquais*, 3.

M DCCC LXVIII

Ce petit livre n'a point été écrit pour répondre à des curiosités oiseuses ou indiscrètes. Le nom d'Alfred de Vigny éveille peu de préoccupations semblables, et sa vie n'en satisfait aucune.

Nous avons essayé de raconter la simple histoire d'un grand poète qui fut un galant homme, parce qu'il nous a semblé instructif de rechercher dans quelles conditions de belles œuvres se sont produites, sur quel sol sont écloses les fleurs austères de la pensée.

La poésie ne nous semble pas un jeu où l'on puisse réussir seulement par l'habileté des combinaisons et l'adresse de la main. La vraie poésie, pensons-nous, ne se rencontre pas sans le respect de soi-même et la hauteur des préoccupations.

Nous avons voulu produire l'exemple d'une belle vie d'où sont sorties de belles œuvres.

ALFRED DE VIGNY

I

> Le cœur a la forme d'une
> urne; c'est un vase sacré,
> rempli de secrets.
> ALFRED DE VIGNY.

Sur le point de pénétrer dans l'intimité
du comte Alfred de Vigny, nous sommes
saisis d'une sorte de respect religieux; L'a-
sile que nous voulons franchir est pieux et
tranquille comme un sanctuaire. Nous y
trouvons, dans toute sa gravité, l'homme
qui eut entre tous la religion de la dignité
humaine, et il nous apparaît, dans sa solitude, à peu près aussi impénétrable qu'on
l'a pu voir au milieu de cette foule qu'il a
d'ailleurs peu coudoyée. Le Gaulois, qui dans

Rome envahie, tira la barbe d'un vieux sé-
nateur immobile sur son banc, n'aurait peut-
être pas osé toucher, de sa main curieuse, ce
visage sérieux et impassible, dont l'œil, dis-
cret jusqu'au dédain, cache à tous le miroir
d'une âme énigmatique.

Notre poète n'est pas assis sur le trépied
sibyllin dont les effluves sacrées donnent un
délire éloquent ; il se tient muet sur sa chaise
d'ivoire. Ne vous approchez pas pour écouter les battements de son cœur ; autant
vaudrait écarter des cuisses sacrées d'un
Jupiter antique les plis de sa draperie de
marbre. Pourtant cet homme calme n'était
pas insensible : il eut ses souffrances, mais
il garda toujours la suprême pudeur de les
cacher ou du moins de n'en laisser voir que
ce qu'il fallait pour s'en parer. C'est le
poète des passions décentes. Sa muse, comme
son âme, a le calme coutumier de tout ce
qui est grand et beau. Car ce n'est pas une
des moindres puissances du génie d'Alfred
de Vigny, d'avoir mis jusque sur le front

de la passion une inaltérable sérénité. Une telle vie et une telle œuvre nous déconcertent tout d'abord et peuvent même nous laisser froids ; nous sommes habitués, enfants de ce siècle, à voir dans le sanctuaire des cœurs la flamme briser la lampe, les sentiments excessifs rompre, en éclatant, l'harmonie des lignes et des sons ; nous avons vu la Muse de Byron se pâmer, se tordre, belle encore, et hurler, non sans charme, ses ivresses et ses douleurs. La poésie moderne, si souple et si vraie, n'en est pas moins excessive et violente. Sa force éclate dans l'effort, et non, comme voulaient les Grecs, dans la sérénité et dans le repos même. Cette beauté tranquille des anciens Hellènes, Alfred de Vigny l'a aimée et l'a connue : elle a visité le poète dans son recueillement et sa solitude.

Les esprits grossiers qui ne voient la passion qu'à travers les contorsions et les grimaces qu'elle arrache aux faibles, ces esprits que le poète dédaignait jusqu'à l'oubli, peu-

vent seuls prendre son calme pour de l'in-
sensibilité. Les eaux les plus pures ne sont
pas les plus froides. \Dans son recueillement, le poète jeta un profond regard, qui
dura toute sa vie, sur la Destinée, sur cette
fatalité nommée de tant de noms par les
hommes, qu'elle entraîne également, ou do-
ciles ou révoltés. Ce douloureux regard ne
fut pas sans larmes, et, de ces larmes, comme
Eloa la sœur des anges, sont nées les œuvres du poète.

Une foi profonde peut seule donner cette
belle paix qui brillait sur son visage comme
elle brille dans ses œuvres. Cette foi, Alfred de Vigny l'avait pour sa religion, la
seule qu'il ait jamais connue et à laquelle
il n'a jamais failli, la religion de l'honneur.\
Il l'avait apprise sous les armes ; il s'en fit
le prêtre et l'évangéliste, et il égala sa vie
à cette haute parole qu'il prononça une fois
et qu'on n'a pas placée sans raison au seuil
de ses pensées intimes : « L'honneur est la
poésie du devoir. »

II

Nous désirons qu'on ait présent à la mémoire
Que nos pères étaient des conquérants de gloire.

V. Hugo.

Les de Vigny, gentilshommes de Beauce, tenaient déjà, pendant la seconde moitié du XVIe siècle, un rang élevé dans le royaume, puisque le roi Charles IX envoya, en l'an 1570, un titre à :

« Notre cher et bien aimé François de Vigny, pour les louables et recommandables services faits à nos prédécesseurs Roys et à Nous en plusieurs charges honorables et importantes où il a été employé pour le bien de notre service et de tout le royaume, mesme durant les troubles d'iceluy, pour jouir des franchises et prérogatives, et à ce titre posséder tous les fiefs et possessions nobles, etc. »

Le journal du duc de Luynes, à la date du vendredi 8 avril 1740, fait la mention que voici :

« Le roi vient d'accorder une pension de 1,200 livres à M. de Vigny, écuyer de quartier, fils de M. de Vigny, lieutenant général des bombardiers, à qui l'on doit l'invention des carcasses[1]. M. de Vigny est écuyer du roi depuis environ trente ans. C'est lui qui a fait le voyage de madame jusqu'à la frontière d'Espagne. »

Jean-René de Vigny, ancien mousquetaire et officier dans une des compagnies de la garde du Roi, retenu pour dettes à Londres, manquant du nécessaire, écrivit le 5 septembre 1766 à l'acteur Garrick, « célèbre par ses sentiments et ses talents, » pour re-

---

1. Espèce de bombe de forme oblongue et chargée de mitraille.

cevoir de lui un secours dont il avait le plus pressant besoin.

François de Vigny, celui qui reçut les lettres de 1570, eut pour fils Étienne de Vigny, qui fut père de Jean de Vigny, qui fut père de Guy-Victor de Vigny, seigneur du Tronchet, de Moncharville, des deux Emarville, d'Isy, du Frêne, de Joinville, de Folleville, de Gravelle et autres lieux. Celui-ci fut père de Léon de Vigny, qui donna le jour à Alfred de Vigny dont nous nous occupons ici.

Ces gentilshommes menèrent presque tous une vie paisible et modeste, « poussant le service militaire jusqu'au grade de capitaine où ils s'arrêtaient pour se retirer chez eux avec la croix de Saint-Louis [1]. »

Les armes de la famille de Vigny sont :

D'argent cantonné de quatre lions de gueules, à l'écusson en abîme, d'azur à la fasce d'or, accompagnée en chef d'une mer-

1. Alfred de Vigny.

lette d'or, en pointe d'une merlette de même, entre deux coquilles d'argent[1].

Ces nobles hommes vécurent ainsi, servant dans les armées du Roi et chassant le loup sur leurs terres ; ils ne connurent que l'action, et nul d'entre eux n'eut souci de la pensée. Le dernier de cette race, le comte de Vigny, poète, fut de beaucoup le plus grand, car il les domina tous de toute la hauteur de l'idée ; et il a pu dire, les yeux fixés avec un tranquille orgueil sur leurs portraits cuirassés pendus à la muraille :

> J'ai mis sur le cimier doré du gentilhomme
> Une plume de fer qui n'est pas sans beauté[2].

1. *Etat de la Noblesse*. Libr. Bachelin-Deflorenne.
2. *Destinées*.

III

Mon père vieux soldat , ma mère Vendéenne.
V. Hugo.

Alfred de Vigny naquit le 27 mars 1797, l'an V de la République française, à Loches, dans une petite maison retirée que M. Léon de Vigny, son père, avait achetée pour y vivre obscurément à l'abri de la Révolution.

S'il est une époque qui influe sur les destinées de l'être humain, c'est assurément celle où son existence est encore enveloppée et confondue dans l'existence de sa mère [1]. L'enfant, dans cette mystérieuse vie,

1. Voir *Stello*. Edit. Charpentier, p. 158.

tressaille de tous les tressaillements maternels et subit irréparablement l'influence des
peines, des passions, des moindres désirs
de l'être sympathique dans lequel il se dé-
veloppe. C'est là qu'on trouverait peut-être
le mot de bien des existences inexplica-
bles. Ce mot, c'est le secret d'une âme : il
est profond et sacré. On peut toutefois, sans
violer l'asile intérieur des consciences, devi-
ner quelles étaient les impressions domi-
nantes de madame de Vigny à cette époque
où la femme « craint d'être émue [1]. » Madame de Vigny avait vu se disperser au
vent populaire sa fortune et ses priviléges ;
elle avait suivi, dans les prisons de Loches,
son père, M. de Baraudin, vieux marin in-
firme et mutilé ; elle était encore toute
noire du deuil de son jeune frère fusillé à
Quiberon, et du deuil de ce vieux père tué
par la mort de son fils. L'âme fière de madame de Vigny était pleine de cet orgueil

1. Alfred de Vigny.

héraldique qu'il avait fallu comprimer,
pleine d'une tristesse de mort pour les mal-
heurs de sa famille et d'une haîne bien ex-
cusable pour le peuple qui lui apparaissait
sous l'aspect d'un égorgeur, les bras nus
et sanglants. Il ne pouvait y avoir place en
elle pour d'autres sentiments. Ces traits de
l'âme maternelle se retrouveront peu affai-
blis dans l'âme du fils.

Cependant la république, si mâle naguère,
s'affaiblissait de jour en jour du bon sang
qu'elle avait perdu ; elle était tombée en
enfance, et avait eu besoin d'un conseil de
régence, le Directoire. On pressentait le
coup d'État du 18 brumaire : la noblesse
relevait la tête. C'est alors que M. de Vigny
vint à Paris avec sa femme et son fils Alfred, qui avait dix-huit mois. C'est dans cette
ville, pour ainsi dire, que l'enfant ouvrit les
yeux ; c'est là qu'il reçut ces premières et
profondes impressions des choses auxquel-
les on attache l'idée de patrie.

La servitude des grandes villes pèse lour-

B

dement sur les enfants : toutes les mères y
peuvent dire, comme l'Élisabeth de Shakespeare : « Pitié, vieilles pierres, pour ces
tendres bébés ; dur berceau pour ces jolis
petits, sombres compagnes de jeu, si vieilles
pour ces jeunes enfants. »

Les yeux bleus d'Alfred ne perdaient les
mélancolies de la ville que pour s'ouvrir aux
mélancolies de la campagne. Son père le
menait parfois, à l'automne, chez madame
de Vigny, tante de l'enfant, et qui élevait ses
six filles près d'Étampes, au Tronchet, dans
un vieux manoir triste comme une ruine et
triste encore des tristesses de l'automne.
L'enfant regardait avec une stupeur charmée « la grande salle de billard, où étaient
rangés les portraits de famille [1], » et les
vieilles tapisseries soulevées par les grands
vents qui venaient de la plaine.

Alfred était alors un bel enfant qui ressemblait à une fille ; il avait de son père
l'amour héréditaire de l'épée, mais sa mère

1. Alfred de Vigny.

lui avait donné ses beaux cheveux blonds et une grâce un peu féminine que le poète ne quitta jamais.

M. de Vigny, que la Révolution avait ruiné, consacrait le reste de son bien à l'éducation de son fils. Jusqu'à l'âge d'être écolier, Alfred eut des maîtres que sa mère choisit et dirigea. Cette mère avait pour son fils la sévère gravité d'un père, et c'était M. de Vigny, ce vieux soldat courbé en deux par les blessures et les douleurs, qui avait pour lui des tendresses toutes maternelles. Il contait souvent à l'enfant les vieilles histoires de la guerre de sept ans, si bien que celui-ci croyait voir Frédéric avec sa canne et son tricorne. M. Léon de Vigny avait vu de près le roi philosophe sur le champ de bataille, où un de ses oncles avait été enlevé par un boulet de canon. Le petit Alfred entendait souvent aussi l'histoire du chevalier d'Assas, dont son père avait été l'ami, et avec lequel il s'était trouvé au camp la veille de sa mort.

Alfred était grand questionneur, comme le sont tous les enfants intelligents. Il obsédait son père d'interrogations si persistantes, que celui-ci lui disait qu'il ressemblait à l'*interrogant bailly* de Voltaire.

Un jour — c'était à l'Élysée-Bourbon, où habitait la famille de Vigny [1] — Alfred vit son père revenir triste avec une larme dans le creux de ses rides. Et l'enfant sut que le duc d'Enghien venait d'être fusillé.

Ce fut sa première impression d'horreur : elle dura longtemps.

A peu près à cette époque, le jeune Alfred de Vigny fut envoyé chez M. Hix, dont la pension, située dans le faubourg Saint-Honoré, suivait les cours du lycée Bonaparte.

L'écolier avait la première qualité, presque la seule qui fait ce qu'on nomme, au collége, un élève fort : la mémoire. Il obtenait les premières places et les plus hautes récompenses. Mais il avait toujours l'appa-

1. L'Elysée-Bourbon était alors une habitation louée à de simples particuliers.

rence d'une petite fille blonde et délicate.
Ses camarades le battaient, parce qu'il était
faible. La raison est excellente, et l'enfance
a une implacable logique. Les récréations
devinrent intolérables au pauvre écolier :
on lui volait son pain dans son panier, et il
était obligé de faire les devoirs des voleurs
pour racheter la moitié de son déjeuner.

L'enfant devenait triste.

Ce sont les élèves, et non les maîtres, qui
font l'opinion publique dans le petit monde
des colléges, et cette opinion se forme bien
moins d'après le travail des classes que sur
la force ou l'adresse des joueurs dans les
récréations. Les maîtres punissent, c'est
tout ; les élèves flétrissent et mettent hors
la loi. Le paria devient craintif, défiant et
se retranche, selon sa nature, dans la féro-
cité de son orgueil ou dans la conviction in-
dolente de sa nullité. Il devient sombre ou
il devient idiot. Alfred de Vigny s'assombrit
et se replia sur lui-même.

Heureusement cette oppression de la force

physique et brutale se relâche et s'adoucit
dans les hautes classes. D'ailleurs Alfred
de Vigny fit sa seconde et sa rhétorique dans
des circonstances tout à fait exceptionnelles,
et qui transformèrent absolument l'esprit
ordinaire des lycéens.

La France, comme a dit le poète, était
alors « vivandière; » tous ses fils étaient
enfants de troupe.

L'enthousiasme militaire soulevait les
écoliers sur leurs bancs tachés d'encre ; le
tambour étouffait la voix des maîtres; tous
les yeux de quinze ans clignaient dédai-
gneusement sur les harangues du *Conciones*
et dévoraient les *bulletins de la grande armée*. Quand un condisciple, sorti depuis
quelques mois du collége, reparaissait « en
uniforme de housard et le bras en écharpe[1], »
tous les élèves rougissaient de honte et « je-
taient leurs livres à la tête des maîtres. »

Alfred de Vigny conçut alors « un amour

1. Alfred de Vigny.

désordonné de la gloire des armes[1]. » Marcher à la gloire, c'était, de l'avis commun, suivre Napoléon. La jeunesse ne se précipitait pas alors, comme les volontaires de 1793, à la glorieuse servitude d'un principe: elle se ruait pour servir un homme. Mais M. Léon de Vigny, qui avait brisé son épée pour ne pas fausser son serment de fidélité au roi, ne croyait pas qu'une épée de gentilhomme dût répondre à la diane du camp impérial. Il se hâta de tirer son fils d'au milieu de ces jeunes têtes belliqueuses et napoléoniennes de sentiment, et jeta de suite l'adolescent au milieu du monde, comptant que le murmure des salons étoufferait à ses oreilles juvéniles le grondement prochain du canon de Leipzig.

Il semble qu'en effet, grâce à ce changement, le rêveur ait alors surmonté l'homme d'action dans ce jeune homme promis par la destinée aux spéculations de l'esprit.

Alfred de Vigny, libre enfin d'étudier et

1. Alfred de Vigny.

d'apprendre, se jeta dans tous les travaux
où son imagination le poussait. Il lisait et
écrivait avec une sorte de fureur, sous la
direction d'un vieux précepteur dont il a
laissé le nom, l'abbé Gaillard ; il traduisait
Homère du grec en anglais. Il faisait aussi
des tragédies classiques qu'il avait l'esprit
de déchirer à mesure qu'il les écrivait ; il
essayait des romans et des comédies. Il
était inquiet, sentant en lui comme des
idées, mais si vagues et si fuyantes, qu'il ne
pouvait ni les saisir ni les formuler. Le dé-
pit lui venait de ne pouvoir réaliser sur
l'implacable papier blanc que d'insipides
pastiches. Ce sont là les premières tortures
du talent qui naît ; il dit : création, et il
écrit : réminiscence. La tête bout et la main
est froide. Quand le génie vient, c'est le
front qui est calme et la main qui est de feu,
comme l'a dit un grand poète français[1].

L'âme adolescente du poète sentait alors
le trouble et les tressaillements inévitables

1. Barbier.

du moment de la conception. Dès lors, on
pouvait pressentir l'heure d'un glorieux enfantement.

Ce moment sacré de l'âme humaine est
plein de vertiges et d'ignorances. Le jeune
homme, las de la méditation que, dans son
impatience, il accusait de stérilité, se reprit
à maudire son apparente oisiveté et à sou-
haiter d'agir. Il demanda de nouveau une
épée. Dans le duel intérieur de la pensée et
de l'action, c'est l'action qui se relevait vic-
torieuse une seconde fois, mais calmée, ren-
due plus grave par un an de réflexion.

Alfred de Vigny, qui voulait être officier,
était résolu d'entrer dans le corps le plus
recueilli et le plus savant de l'armée, dans
l'artillerie. Pour atteindre ce but, il avait
étudié les mathématiques avec ardeur, et il
était en état de se présenter à l'École poly-
technique, quand la bataille de Paris, en
ramenant les Bourbons, ouvrit immédiatement au nom du gentilhomme les cadres
de l'armée.

IV

Egregium forma juvenem et fulgentibus armis,
Sed frons læta parum.

VIRGILE.

« Nous avons élevé cet enfant pour le
Roi, » écrivit, en 1814, madame de Vigny
au ministre de la guerre, en demandant,
pour son fils, un brevet de sous-lieutenant
dans les gendarmes de la Maison-Rouge.

Alfred de Vigny entra dans ce corps le
1er juin 1814 : il avait alors dix-sept ans.
La même année, le même mois, Alphonse
de Lamartine entrait, avec le même grade,
dans les gardes du corps.

Les quatre compagnies de la Maison-

Rouge étaient composées de gentilshommes
ruinés. Ces nobles compagnies, comme celles des gardes du corps et des mousquetai-
res, donnaient, dès l'admission, le rang et
la solde de sous-lieutenant dans l'armée.

Le 20 mars 1815, encore mal remis d'une
chute de cheval qui lui avait cassé la jambe,
le sous-lieutenant de Vigny suivit, à cheval,
le roi et les princes jusqu'à Béthune ; il
entra dans cette « petite ville laide et for-
tifiée [1] » au moment où les habitants « com-
mençaient à retirer les drapeaux blancs de
leurs fenêtres et à coudre les trois couleurs
dans leurs maisons [2]. »

Les compagnies rouges, les *rouges*,
comme on les appelait, étaient fort détestés
de toute l'armée ; les vieux soldats de l'em-
pereur murmuraient. Les moustaches grises
se soulevaient avec dédain devant le luxe et
le rang de ces officiers imberbes, enfants
dont les lèvres étaient encore humides du

1. Alfred de Vigny.
2. Alfred de Vigny.

lait sucé tranquillement dans l'exil du manoir héréditaire ou du pays ennemi. Quand
Louis XVIII eut vu une seconde fois son
trône restauré, il jugea nécessaire de sacri-
fier à l'armée de Napoléon tous les corps
d'officiers.

Les gendarmes de la Maison-Rouge furent licenciés le 31 décembre 1815.

En cette année 1815 [1], Alfred de Vigny

1. Nous avons accepté la date de 1815, que M. de
Vigny a donnée aux deux poëmes de la *Dryade* et de
Symétha. Nous eussions craint d'outrager, comme on l'a
fait, la mémoire du poëte par un démenti qu'il est impossible de soutenir avec des preuves. La seule objection
qu'on ait pu faire à la date de 1815 assignée à la composition de ces deux études grecques, c'est que l'imitation
d'André Chénier y est apparente, et que les œuvres de ce
poëte n'ont été publiées, dans leur entier, qu'en 1819.—
Mais les fragments donnés par Millevoye et Chateaubriand,
fragments très-remarqués déjà en 1815, révélaient le
secret de la manière et du génie de ce poëte assez com-
plétement, pour qu'un poëte pût saisir ce secret. Ajou-
tons que les vers de la *Dryade* et de *Symétha* ne rap-
pellent aucunement, comme facture, les merveilleux vers
d'André Chénier. Dans ces deux pièces, l'influence du
poëte antique n'est sensible que dans le choix et l'intelligence des sujets. D'ailleurs, ce débat prolongé devien-
drait puéril.

composa deux poëmes charmants : la *Dryade*
et *Symétha*.

Le jeune officier s'était souvenu d'un autre jeune homme, poète et soldat comme
lui, que l'on ne connaissait alors que par les
délicieux fragments cités dans les notes du
Génie du christianisme et à la suite des poésies de Millevoye. Alfred de Vigny mit sur
sa Lesbienne Symétha un pâle et doux reflet
des Néère et des Myrtho d'André Chénier.

. . . .
Car la vierge enfantine auprès des matelots
Admirait et la rame et l'écume des flots ;
Puis, sur la haute poupe accourue et couchée,
Saluait, dans la mer, son image penchée,
Et lui jetait des fleurs et des rameaux flottants,
Et riait de leur chute et les suivait longtemps ;
Ou, tout à coup rêveuse, écoutait le zéphyre
Qui d'une aile invisible avait ému sa lyre.

Ces accents ne sortent-ils pas du plectre
d'ivoire d'André Chénier, mais touché par
des doigts incertains et timides encore ? Le
génie lui-même commence par imiter ; son

originalité s'affirme par degrés. Au lieu de
réunir avec effort les membres épars, son
légitime butin, et d'en former, comme il
faisait d'abord, un tout où les parties primi-
tives trahissent leur origine et leur destination étrangère, le génie, de ces mêmes membres pris où il lui plaît, fait un être vivant,
harmonieux et doué d'une existence propre.
C'est là toute l'originalité du génie. Nous la
trouverons bientôt dans les créations de
notre poète.

A cette époque, ne l'oublions pas, il est
encore bien jeune : partagé entre le goût des
armes et celui de la poésie, il est un peu
comme les enfants du poète Prudence : il
joue avec les palmes et les couronnes.

En mars 1816, l'ex-gendarme de la
Maison-Rouge entra comme sous-lieutenant
dans la garde à pied.

C'était encore un enfant « rose et blond[1]»
ressemblant à une fille déguisée, et n'ayant

1. Alfred de Vigny.

point de rasoir dans sa trousse, par la
raison qu'il n'avait point de barbe au visage. Il marchait très-droit et laissait voir
tout l'orgueil qu'il avait de porter l'épau-
lette.

Un jour qu'il suivait la route de Rouen,
avec son régiment, il eut un moment d'ex-
traordinaire bonheur en passant devant les
quatre grosses tours du château de Vigny.
Ce n'est point que son père eut jamais pos-
sédé ce château. Dès l'année 1554, il avait
cessé d'appartenir aux Vigny. Mais les officiers du bataillon où le jeune de Vigny était
lieutenant témoignèrent « qu'ils seraient
charmés » d'être reçus par lui, en regard du
château, dans le village nommé Bordeaux de
Vigny. Le jeune homme donna donc à ses
collègues, vieux soldats à la moustache
grise, « un assez mauvais déjeuner dans la
mauvaise auberge du pauvre village[1]. » Mais
il les traita avec un si joyeux orgueil, qu'il

1. Alfred de Vigny.

n'eût pas changé son repas contre les festins de ses pères, « dont la fumée avait noirci les vieilles cheminées. »

L'action et le rêve, comme deux fées, se disputaient cette belle tête de vingt ans. Mais le corps frêle et délicat du jeune officier était plus docile aux patients travaux de la lampe qu'aux marches et aux veilles du service. Dès 1819, Vigny avait craché le sang; il s'était tenu debout, il avait marché. Personne n'eut plus que lui le respect du devoir. « Il faut continuer le service jusqu'à la mort. » Ce fut sa parole. Aussi bien « ce n'est que lorsqu'un homme est mort qu'on croit à sa maladie dans un régiment[1]. »

Toutefois, nous sommes dans une époque de paix où le service militaire a de longs repos et de pleins loisirs. Le sous-lieutenant, presque toujours en garnison à Courbevoie ou à Vincennes, lit la Bible, médite, ou, assis sur un canon de Louis XIV, « ra-

1. Alfred de Vigny.

conte paisiblement des histoires de guerre[1];»
et souvent vient à Paris, où le premier cénacle de la renaissance poétique vient de se
former.

Alfred de Vigny avait retrouvé, un soir
de l'année 1815, au bal, le jeune Emile
Deschamps, fils d'un ami de M. Léon de
Vigny, et lui-même camarade d'enfance
d'Alfred. Il était donc lié avec Emile Deschamps qui traduisait alors l'intraduisible
Cloche de Schiller, et avec son frère Antoni
qui apprenait dans son Dante la langue forte
et profonde des *Dernières paroles*. A côté de
ces trois poètes, s'asseyaient le bon Pichald,
auteur de *Guillaume Tell;* Soumet, le chantre
de cette *Divine épopée*, dont Alfred de Vigny reconnaissait l'ampleur et le souffle
poétique tout en blâmant l'ambition du
titre; Guiraud, Jules Lefebvre et tant d'autres qui ouvrirent l'ère violente de la poésie française par des chants calmes et paci-

1. Alfred de Vigny.

C

fiques. L'hymne du prêtre précédait le
bardit du guerrier.

L'indignation fait le poète, a dit l'antiquité;
l'amitié fait le prosateur, peut-on dire aujourd'hui. M. de Vigny écrivit, dans la *Muse
française*, revue qui représentait les opi-
nions littéraires de ses amis, quelques arti-
cles de critique très-sensés, mais d'un style
très-pénible et plein d'embarras. La prose
n'était nullement sa langue naturelle : il
l'apprit lentement, comme une langue étrangère; après avoir médiocrement écrit son
grand roman de *Cinq-Mars,* il trouva dans
Stello une forme un peu artificielle, mais
d'une grande beauté, et finit par donner,
dans *Chatterton*, la pièce en prose la mieux
écrite de tout notre théâtre moderne.

A l'époque où nous sommes, le poète
s'était révélé, le prosateur n'existait encore
que pour l'amitié.

Le bon Antoni Deschamps a conservé de
ce temps un souvenir qu'il a doré de sa
poésie.

Il sied de l'écouter un instant :

C'était là mon bon temps, c'était mon âge d'or,
Où, pour se faire aimer, Pichald vivait encor.
Cygne du paradis, qui traversa le monde,
Sans s'abattre un moment sur cette fange immonde.
Soumet, Alfred, Victor, Parseval, vous enfin
Qui dans ces jours heureux vous teniez par la main,
Rappelez-vous comment au fauteuil de mon père
Vous veniez le matin, sur les pas de mon frère,
Du feu de poésie échauffer ses vieux ans,
Et sous les fleurs de mai cacher ses cheveux blancs.
Les plus jeunes vantaient Byron et Lamartine,
Et frémissaient d'amour à leur muse divine;
Les autres, avant eux amis de la maison,
Calmaient cette chaleur par leur froide raison,
Et savaient, chaque jour, tirer de leur mémoire,
Sur Voltaire et Lekain, quelque nouvelle histoire.

La vie de garnison ne fut donc pas, pour le poète, une vie d'exil et de solitude intellectuelle. Mais les réunions purement littéraires furent rares et légères ; le cénacle n'influa guère sur le génie du poète : il avait une vision des choses qui lui était propre. Il soumit toujours son mode d'expression à cette vision même, sans aucune formule préconçue dans laquelle il ployât son idée.

Les conversations de ses amis ne purent que l'aider à se développer dans son sens propre. Lui-même, dans une page intime, révèle le secret de sa manière de produire. « Je conçois tout à coup un plan, dit-il, je perfectionne longtemps le moule de la statue, je l'oublie, et quand je me mets à l'œuvre après de longs repos, je ne laisse pas refroidir la lave un moment. C'est après de longs intervalles que j'écris, et je reste plusieurs mois de suite occupé de ma vie, sans lire ni écrire. »

En cette année 1822, Alfred de Vigny fit imprimer ses poésies. C'est un volume de format in-8, publié chez Pélissier avec le simple titre de *Poèmes*.

Héléna, poëme en trois chants, occupe la moitié du volume. C'est un poëme sur les Grecs modernes, car la Grèce alors, en se réveillant, réveillait l'enthousiasme.

De tous les cœurs amis de la forme et des Dieux 1.

1. Barbier.

Ce n'est d'ailleurs qu'une histoire d'a-
mour : Héléna, irréparablement outragée
par des soldats turcs, meurt, se jugeant
indigne de l'amour de Mora, son amant.
Reconnaissant dans une vision l'âme d'Héléna qui, dépouillée d'un corps profané,
a reconquis toute sa virginité, Mora lui-
même songe que leur amour eût été sans
bonheur, et dit :

Va, j'aime mieux ta cendre encor qu'un tel bonheur.

Dans ce poëme d'une conception un peu
enfantine et d'une exécution gracieuse
parmi bien des inexpériences, on pressent
le chantre des âmes chastes et des fronts
purs, d'Éloa et de Kitty Bell, le poète des
hermines.

La mère de M. de Vigny, avec cette bonté
sévère qu'elle avait pour son fils, souligna,
sur son exemplaire[1], les endroits défectueux

---

1. Qui est actuellement entre les mains de M. L.
Ratisbonne, à qui l'on doit l'indication de cette particularité.

du poëme, et, au-dessous de ces annota-
tions, le poète a depuis ajouté les siennes
qui donnent raison, avec une charmante
condescendance, aux critiques de sa mère :

« Ma mère, vous aviez bien raison. C'est
fort mauvais, et j'ai supprimé le poëme entier. »

En effet, *Héléna* ne reparut plus dans
aucune édition des poëmes d'Alfred de Vigny.

Le reste du volume contient, outre les
deux jolies études antiques dont nous avons
parlé, la *Fille de Jephté*, la *Prison*, la *Femme
adultère*, ce dernier poëme plus beau, plus
complet que jamais ; car nous regrettons,
avec M. Sainte-Beuve, les sévères retran-
chements que M. de Vigny fit depuis à cette
poétique composition. Le recueil se ter-
mine par l'*Ode au malheur* supprimée depuis, avec quelque raison, par le poète ja-
loux de devancer, sur ses œuvres, le choix
sévère de la postérité.

Ces commencements étaient dignes d'être

remarqués, surtout si l'on se reporte au
temps où ils eurent lieu, alors que M. Victor
Hugo lui-même en était encore à sa manière
classique et peu originale.

Mais ce volume, d'une poésie fraîche, moderne, pleine de promesses et d'espérances,
eut le sort de tous les débuts poétiques :
il fut goûté par les poètes amis du poète,
qui en savaient d'avance les vers par cœur ;
il ne fut pas lu du public français, qui n'aime
pas les vers et qui ne les a jamais beaucoup
aimés.

Ce mépris injuste mais fatal étonna peu
M. de Vigny et ne l'empêcha pas de publier,
quelques mois après, en cette même année
1822, le *Trappiste*, brochure in-8, imprimée chez Guiraudet.

Au mois de juillet 1822, Alfred de Vigny
fut promu au grade de lieutenant. La fièvre
intermittente de l'action le tenait encore.
On n'a pas eu impunément quinze ans aux
Cent-Jours. Enfin, une occasion de gloire
s'offrait à l'armée française qui s'ennuyait

dans l'oisiveté depuis la chute de Napoléon :
on allait se battre Espagne. Alfred de Vigny
permuta pour faire campagne, et entra, en
mars 1823, au 55e de ligne, avec le grade
de capitaine. Son espoir fut déçu : le 55e
de ligne ne franchit pas les Pyrénées.

Le capitaine du 55e de ligne n'était pas
né pour la guerre ; la Poésie l'avait marqué
du doigt. C'était un beau et doux jeune
homme de vingt-cinq ans. Ceux qui l'ont
connu alors nous ont tracé son portrait.

Ses cheveux fins et luisants, « des cheveux ruisselants d'inspiration, [1] » se reje-
taient en arrière pour découvrir un front
poli « légèrement teinté de blanc et de car-
min, gracieusement déprimé vers les tempes [2]. »

Il avait des yeux bleu-de-mer qui dédai-
gnaient de chercher la pensée d'autrui, le
nez droit, et ses lèvres, « rarement fermées,
gardaient le pli habituel d'un sourire en

1. M. de Lamartine.
2. M. de Lamartine.

songe[1]; » son menton solide était de ceux
qui appellent le creux de la main pour s'y
reposer, menton de rêveur ou de penseur,
comme un grand poète le veut. Le visage
de M. de Vigny avait cette « blancheur
rose[2], » cette pureté de teint où transparaît
la pureté de l'âme intérieure.

Le timbre de sa voix était « égal et grave[3]. »

Sa taille était médiocre et bien prise sous
l'uniforme.

Tel était, en 1823, ce capitaine de vingt-
cinq ans qui passait dans le monde paré de
son nom, de son épée et de sa poésie,

> Fier et même un peu farouche,

objet des inquiétudes maternelles.

Il avait rencontré dans des salons littéraires celle qu'on nommait la jeune muse,
la belle Delphine Gay, alors blonde et rose
enfant.

1. M. de Lamartine.
2. M. de Lamartine.
3. M. de Lamartine.

Or, voici ce que la mère de Delphine,
madame Sophie Gay, écrivait, en août 1823,
à son amie, madame Desbordes Valmore,
qui était alors à Bordeaux où M. de Vigny
venait d'entrer en garnison :

« Je présume que M. D*** vous a déjà
amené le poète-guerrier. Je vous le dis bien
bas, c'est le plus aimable de tous, et mal-
heureusement un jeune cœur qui vous aime
tendrement et que vous protégez beaucoup
s'est aperçu de cette amabilité parfaite. Tant
de talent, de grâces, joints à une bonne dose
de coquetterie, ont enchanté cette âme si
pure, et la poésie est venue déifier tout cela.
La pauvre enfant était loin de prévoir
qu'une rêverie si douce lui coûterait des
larmes ; mais cette rêverie s'emparait de sa
vie. Je l'ai vu, j'en ai tremblé, et, après
m'être assurée que ce rêve ne pouvait se
réaliser, j'ai hâté le réveil. — Pourquoi ?
me direz-vous. Hélas ! il le fallait. Peu de
fortune de chaque côté : de l'un assez d'ambition, une mère ultra-vaine de son titre,

de son fils, et l'ayant déjà promis à une
parente riche, en voilà plus qu'il ne faut
pour triompher d'une admiration plus vive
que tendre; de l'autre, un sentiment si pu-
dique qu'il ne s'est jamais trahi que par une
rougeur subite, et dans quelques vers où la
même image se reproduisait sans cesse.

« Comment, pensais-je, n'est-on pas ravi
d'animer, de troubler une personne semblable? Comment ne devine-t-on pas, ne
partage-t-on pas ce trouble? Et malgré moi
j'éprouvais une sorte de rancune pour celui
qui dédaigne tant de biens. Sans doute il
ignore l'excès de cette préférence, mais il
en sait assez pour regretter un jour d'avoir
sacrifié le plus divin sentiment qu'on puisse
inspirer aux méprisables intérêts du grand
monde[1]. »

Rêve vague de jeune fille, tiédeur d'her-
mine, le jeune homme put-il n'en rien de-

1. Cette lettre a été citée dans la *Revue des Deux-
Mondes* par M. Sainte-Beuve, qui en a l'original entre
les mains.

viner? — S'était-il repris à y songer, vingt-
six ans plus tard, quand il adressa, comme
une sorte de réparation, ces vers à Delphine,
qui était devenue madame de Girardin et
qui était devenue pâle?

Lorsque sur ton beau front riait l'adolescence,
Lorsqu'elle rougissait sur tes lèvres de feu,
Lorsque ta joue en fleur célébrait ta croissance,
Quand la vie et l'amour ne te semblaient qu'un jeu ;

Lorsqu'on voyait encor grandir ta svelte taille,
Et la muse germer dans tes regards d'azur;
Quand tes deux beaux bras nus pressaient la blonde écaille
Dans la blonde forêt de tes cheveux d'or pur ;

Quand des rires d'enfant vibraient dans ta poitrine
Et soulevaient ton sein sans agiter ton cœur,
Tu n'étais pas si belle en ce temps-là, Delphine,
Que depuis ton air triste et depuis ta pâleur !

Pendant les quatre années qui suivirent,
le capitaine de Vigny resta sans avancement
loin de Paris, dans le midi de la France, en
pleine paix. Il s'était marié. Le duel de l'action et de la pensée était fini en lui, le
poëte avait tué le soldat. Le soldat restait

encore debout, maintenu « par cette sorte
d'aimant qu'il y a dans l'acier d'une épée[1]. »
Mais l'homme se lassait, il était faible, souffrant, peu en état de supporter les longues
marches à pied qu'il faisait en crachant le
sang, et se cachant pour boire du lait dans
les fermes, à chaque étape.

Le 22 avril 1827, le capitaine de Vigny
se fit réformer pour raison de santé. Ainsi
se termina cette carrière militaire de quatorze années obscures, mais qui ne fut pas
suivie en vain, car elle aboutit à un des
plus beaux livres qui aient jamais été écrits
sur l'armée : *Servitude et grandeur militaires.*

1. Alfred de Vigny.

V

Incipe, Mopse, prior.
VIRGILE.

Eloa parut en 1824, chez le libraire Boulland, et les *Poëmes antiques et modernes* furent publiés en 1826 par le célèbre éditeur romantique Urbain Canel. Enfin, en 1829, Gosselin, sous le titre de *Poëmes*, réunit les œuvres en vers d'Alfred de Vigny [1].

[1]. Nous avons emprunté à la *Petite Revue*, publiée par M. Pincebourde, les renseignements bibliographiques que nous donnons ici. Voici, pour les compléter, un fragment de l'excellent article où nous avons puisé :
« Depuis cette édition *(Gosselin, 1829)*, les versions

L'élite du public avait fini par comprendre qu'un poëte était né. Aussi bien la renaissance poétique de 1830 n'avait rien produit de si grand; elle n'a rien laissé de si pur.

Dans toutes les compositions de ce re-

n'ont plus varié; seulement, pour la réimpression de ses œuvres complètes chez Delloye et Lecou, où ses poésies prirent définitivement le titre de *Poëmes antiques et modernes*, Alfred de Vigny ajouta, en 1837, deux pièces nouvelles à ce volume : *Paris, élévation* (poésie qu'il avait publiée précédemment chez Gosselin, une brochure in-8, en 1831), et *les Amants de Montmorency*.

« L'édition de 1829, précédée d'une préface (qui n'est pas celle de 1822), présente cette particularité, que la même année, trois mois après la première mise en vente, il en fut fait une réimpression, pour laquelle Alfred de Vigny écrivit une seconde préface; elle s'y trouve imprimée après celle de la précédente édition, que nous indiquions plus haut, et c'est la première préface de 1829 qui, à peu de chose près, existe encore aujourd'hui en tête de ses poésies complètes.

« L'*Ode au Malheur*, qui avait paru seulement dans l'édition de 1822, ne fut rétablie parmi les œuvres de son auteur qu'en 1842, dans la première édition de ses *Poésies complètes*, format in-12, chez Charpentier; elle y fut replacée grâce aux observations de Sainte-Beuve, dont nous avons parlé, et depuis lors elle a fait partie de toutes les réimpressions de cet ouvrage. »

cueil, une pensée philosophique est mise
en scène sous une forme épique ou dramatique.

Moïse, c'est la plainte du génie qui vit
solitaire parce qu'il n'a point d'égaux. Il
voit l'amour s'éteindre et l'amitié tarir;
il marche triste et seul, enveloppé de la
colonne noire. C'est la harpe biblique ins-
truite à vibrer les accents profonds de
l'homme moderne. Rien, dans la poésie
française, ne surpasse ce chant grave et
sacré.

Après le vaincu du génie, Moïse, le poëte
dit Eloa, vaincue de la pitié.

Byron avait chanté le Ciel et la Terre:
dans une œuvre immense; il avait, le poète
révolté, tendu la main au grand révolté, à
Lucifer, héros triste et magnifique du drame
de *Caïn;* Thomas Moore, d'une voix moins
forte, avait célébré les amours des anges;
Châteaubriand, pour s'enivrer d'encens,
avait ouvert un paradis poétique sur la tête
de ses *Martyrs*. M. de Lamartine portait

alors dans son cerveau son immortel ouvrage la *Chute d'un ange.* Tout poëte alors,
sachant que le destin lui avait donné une
tête haute pour regarder les cieux, y cherchait le souvenir de son origine, et ne re-
fusait pas aux anges déchus comme lui une
pensée fraternelle. Ce vers, avant de passer
sur une lèvre inspirée, était dans bien des
cœurs :

L'homme est un dieu déchu qui se souvient des cieux.

C'est dans cette atmosphère pleine d'encens céleste et de fumée de l'abîme que
M. de Vigny respira l'idée de la fille des
anges, et l'exhala dans un long et pur sou-
pir de poëte.

Elle resplendit au fond de toutes les mémoires cette belle Eloa, qui, née d'une
larme de Jésus, aime Lucifer parce qu'il
souffre, veut le sauver et se perd avec lui.
Dans ce poëme, consacré au plus beau des
crimes, la femme apparaît à demi sous la
robe et les ailes de l'archange ; les blan-

D

cheurs angéliques y tiédissent sous la chaleur d'un sang riche et pur. Eloa est un
ange, c'est une femme aussi. La muse du
poête est chaste sans froideur ; comme il a
été dit : « On a chaud sous sa toison d'her-
mine [1]. »

Au-dessous d'Eloa, belles d'une beauté
moins pure, se groupent la femme adultère,
la fille de Jephté, madame de Soubise,
Emma aux petits pieds, princesse de la
Gaule, et Dolorida, de qui le bon sang espagnol ne ment pas au proverbe :

> Yo amo mas a tu amor que a tu vida.
> J'aime mieux ton amour que ta vie.

Toutes ces femmes sont peintes avec une
grâce décente, une pureté qui a fait souvent penser aux tableaux de Raphaël. Les
types du poète sont purs comme ceux du
divin Sanzio, mais ne baignent pas comme
eux dans une joyeuse lumière. « Si j'étais

M. Barbey d'Aurevilly.

peintre, je voudrais être un Raphaël noir,»
a dit le poëte, entendant qu'une ombre triste
et mélancolique sied aux créations du poëte
et du penseur moderne. Alfred de Vigny
n'a pas la lumineuse joie d'un André Chénier, il est plus profond et plus sombre : il
y a en lui quelque chose d'un Byron ré-
signé.

Les *Poëmes antiques et modernes* char-
mèrent les délicats et les poëtes ; ils n'allèrent guères plus avant ; la muse de Vigny
entra dans ce demi-jour si doux aux esprits
supérieurs.

Le comte Alfred de Vigny sortait parfois
de « sa tour d'ivoire » pour traverser la plus
haute société parisienne ; il se mêlait vo-
lontiers aux meilleurs d'entre les poètes et
les littérateurs. Il était l'ami de Lamartine,
et connaissait Victor Hugo et Alexandre
Dumas. Les grandes solennités littéraires
n'avaient pas lieu sans lui. Après la première représentation de la *Christine* d'A-
lexandre Dumas, où jouait Marie Dorval,

Alfred de Vigny se livra à un travail littéraire unique dans sa carrière, et qui ne
porte guère l'empreinte de sa main.

L'interminable drame où la force énorme
et terrible de Dumas s'épuise, empêtrée
dans le tissu mou et terne des mauvais vers,
« *Christine* » avait été criblée de sifflets
en cent endroits : certaines tirades avaient
fait chavirer l'œuvre. Il s'agissait de les
jeter à la mer pour faciliter la traversée du
lendemain, suppressions délicates et raccords
pénibles, toute la besogne devait être ter-
minée pour le lendemain matin. Alexandre
Dumas avait, selon l'usage, des convives à
recevoir cette nuit-là. Il était fort empêché
de corriger son œuvre et d'abreuver son
monde dans la même nuit ; Alfred de Vigny
et Victor Hugo prirent le manuscrit ; ils
s'enfermèrent dans un cabinet, où ils tra-
vaillèrent quatre heures de suite avec un
acharnement qui ne fut point ralenti par le
bruit voisin des verres et des chansons. Ils
sortirent au jour, passèrent gravement par

dessus les convives couchés et endormis, laissèrent le manuscrit sur la cheminée et s'en allèrent sans réveiller personne.

V I

Pour ne s'être pas souvenu...
WEBSTER.

Le lundi 6 novembre 1826, à 11 heures,
le comte Alfred de Vigny fut présenté, par
le colonel Hamilton Bunbury, à sir Walter-
Scott, dans un appartement de l'hôtel de
Windsor.

L'auteur d'*Ivanohé*, prenant le volume
de *Cinq-Mars*, dit :

« Je connais cet événement, c'est une belle
époque de votre histoire nationale.... Ne
comptez pas sur moi pour critiquer, mais je
sens, je sens. »

Juste hommage que fit Alfred de Vigny,
en présentant son Cinq-Mars à Walter
Scott. C'était bien en effet l'influence des
admirables compositions historiques du vieil
Ecossais qui avait produit le roman de M. de
Vigny.

Les œuvres de Walter Scott, connues en
France par les traductions de M. Defaucon-
pret, étaient beaucoup lues et fort admirées
alors. La curiosité historique s'éveillait.
Augustin Thierry restituait l'histoire avec
cette force créatrice qui est de la poésie.
Avant lui Châteaubriand avait fait preuve,
dans ses *Etudes*, d'un amour intelligent de
l'histoire. Les artistes se tournaient vers le
passé dont ils voulaient reproduire la vraie
couleur et la vraie forme. Victor Hugo, de son
œil grossissant, interrogeait les gnômes et
les démons de Notre-Dame. Victor Hugo
n'a pas toujours voulu comprendre ce que
répondirent ces symboliques représentants
du moyen âge : le sang bouillonné avec trop
de fracas dans sa tête pour que ses oreilles

puissent percevoir, au milieu de ce vacarme
intérieur, les bruits du passé, Victor Hugo
ne s'était pas moins inquiété d'histoire.
Alexandre Dumas, avec *Henri III*, avait
mis au théâtre un semblant d'histoire. C'é-
tait le fonds commun où l'on puisait; le
génie lui demandait l'idée, le talent lui demandait les formes et les couleurs.

Alfred de Vigny, dans son enfance, avait
dévoré beaucoup de mémoires et de chro-
niques, et depuis n'avait cessé de respirer
cette poussière du passé, incessamment re-
muée autour de lui ; son idée dut nécessairement se formuler au moins une fois dans
un cadre historique.

En une nuit de l'année 1824, à Oloron,
dans les Pyrénées, il écrivit le plan de son
roman de *Cinq-Mars*. Il laissa l'œuvre se
développer deux ans dans sa tête, et, en
1826, commença d'écrire, après avoir lu
« à la lampe 300 volumes et manuscrits
mal imprimés et mal écrits de toute façon[1]. »

1. Alfred de Vigny.

La besogne est méritoire, surtout pour
M. de Vigny qui, il faut le dire, n'avait pas,
ce faisant, la moindre intention de peindre
une époque ou des caractères historiques,
mais bien de créer des types imaginaires.
Il étudia le xviie siècle, non pour peindre le
xviie siècle, mais pour y faire mouvoir, sous
des noms historiques, des êtres conçus par
lui et réalisant son idéal particulier. L'histoire n'est, dans son œuvre, que la toile du
fond, qu'une manière assez arbitraire d'indi-
quer que les personnages se tiennent en un
lieu quelconque de la terre.

Étrange contradiction ! M. de Vigny, les
documents en main, compose un roman
historique et repousse jusqu'à la pensée d'y
faire intervenir la vérité historique.

« A quoi bon, dit-il dans la préface de
son roman, à quoi bon les arts, s'ils n'étaient
que le redoublement et la contre-épreuve
de l'existence ?... Laissez-nous rêver que
parfois ont paru des hommes plus forts et
plus grands, qui furent des bons ou des

méchants plus résolus ; cela fait du bien. Si
la pâleur de votre *vrai* nous poursuit dans
l'art, nous fermerons ensemble le théâtre et
le livre, pour ne pas le rencontrer deux
fois. »

Selon ces théories, l'imagination n'inter-
prète pas la vérité : elle l'abolit pour se
substituer à elle.

M. de Vigny comprit d'une étrange façon
le roman historique ; ce fut pour lui l'occasion de substituer aux personnages réels
des personnages typiques et presque ab-
straits qui leur prissent leurs noms et leurs
vêtements. Sous le nom de Richelieu, l'auteur fait mouvoir l'Ambition, sans s'inquiéter
de creuser les raisons qui firent agir le car-
dinal-ministre. L'Amitié se nomme de Thou
et c'est un personnage aussi peu réel que le
Pylade de Racine. Le défaut du système
éclate dans l'œuvre. Les personnages, jetés
dans un pays étranger, sous des habits d'em-
prunt, se meuvent gauchement et parlent
faux. Le roman est manqué dans son en-

semble, et c'est seulement dans quelques
détails qu'il faut chercher Alfred de Vigny
avec son beau ton, son charme descriptif
et sa poésie.

Ce livre, le seul médiocre qu'Alfred de
Vigny ait jamais publié, fut nécessairement le mieux accueilli de la foule, dont
les jugements sont infaillibles à qui sait les
comprendre. Les femmes pleuraient et di-
saient à l'auteur :

— « Ah ! faites-nous des *Cinq-Mars*, c'est
votre véritable talent. »

Quatre éditions furent épuisées en moins
de deux ans, et des traductions en italien,
en anglais, en russe même, allèrent tirer
des larmes à tous les beaux yeux de l'Europe.

Le poète avait prévu ce succès : « J'ai
donné *Cinq-Mars*, a-t-il dit, pour faire lire
mes vers. »

VII

« Elle garda la maison »
(Epitaphe d'une femme antique.)

Alfred de Vigny rencontra à Pau une
jeune Anglaise, mademoiselle Lydia Bunbury, qu'il épousa en 1829. Le père de la
jeune fille, vieil homme trois ou quatre fois
millionnaire, n'avait pas cru pouvoir s'op-
poser à un mariage que sa fille voulait sérieusement. Les parents anglais, bien diffé-
rents en ceci des nôtres, ont ce préjugé
singulier de ne pas oser substituer leur vo-
lonté à celle de leurs enfants quand ceux-ci

se marient. Ils donnent pour motif de cette
compromettante condescendance qu'on se
marie pour soi et non pour son père. M. Bunbury avait donc consenti à ce que M. de Vigny
devint son gendre ; mais il ne put trouver la
force d'estimer un gendre qui faisait des vers.
Peu lui importait l'homme, il ne voyait que
le poète, monstre hideux. L'idée qu'un poète
était entré dans sa famille le révoltait à lui
tourner le sang. Ses rêves les plus horribles
lui faisaient voir un tel homme assis à son foyer.
M. Bunbury était Anglais : il voyagea pour
chasser cette odieuse obsession; il cessa d'être
père, et ne fut plus que touriste. Le ciel d'Italie lui versa le repos avec l'oubli de son gendre
poétique, tellement qu'un jour, se trouvant
à Florence assis, dans un banquet, à côté de
M. de Lamartine, alors en ambassade, il
adressa ces paroles à son illustre voisin :

— « Monsieur, vous qui êtes poète, vous
devez connaître les poètes de votre pays? »

M. de Lamartine lui ayant répondu qu'en
effet il croyait en connaître beaucoup :

— « C'est, ajouta M. Bunbury, que ma fille a épousé l'un d'eux. »

Mais quand il fallut nommer ce gendre, le beau-père fit quelques efforts de mémoire, et ne put trouver une syllabe du nom qu'il cherchait.

Le poète cita quelques-uns de ses plus illustres confrères, et le nom d'Alfred de Vigny lui monta vite aux lèvres.

— « Vigny !... c'est précisément celui-là qui a épousé ma fille, interrompit M. Bunbury. »

Il s'était souvenu de son gendre. Plus tard, il se souvint encore de lui pour le déshériter.

Grave et honnête, madame de Vigny garda pur le beau nom qu'elle avait reçu du poète. Mais, faible et maladive, elle coûta à son mari des sacrifices continuels de temps et de pensée. Il veilla assidûment sur celle qui avait gardé sa maison ; il fut presque continuellement son garde-malade, et ne quitta ce pénible soin qu'au lit de mort de sa femme, promis lui-même à la mort sans délai.

Madame de Vigny mérite cette louange qui est à peu près toute la part de gloire qu'une femme puisse obtenir dans notre civilisation : elle n'a jamais fait parler d'elle.

VIII

L'histoire est la véritable
épopée des peuples modernes,
et nous voyons qu'elle a déjà
produit la plupart de leurs
plus grandes œuvres poétiques.

Louis Xavier de Ricard.

En 1829, le théâtre français était encore
en proie aux Briffault et aux Arnault, qui
coulaient la pâte docile et incolore de leurs
conceptions dans ce moule usé dont le génie
de Corneille et le talent de Racine n'a-
vaient pu, dès l'abord, dissimuler l'étroi-
tesse et l'insuffisance. Népomucène Lemer-

cier avait bien tenté, depuis longtemps, de
briser ce moûle gênant et de donner à chacune de ses œuvres dramatiques sa forme
fatale et obligée. Un des meilleurs es-
prits du xviiie siècle, Diderot, avait même,
avant lui, essayé de protéger les libres développements de la pensée dramatique.

Mais Diderot était oublié et Lemercier
était sifflé ; donc tous deux avaient tort, et
le Ninus II de M. Briffault qui, persécuté
par la censure, avait émigré de Barcelone à
Babylone où il vivait tranquille, caché sous
les boucles de sa fausse barbe assyrienne,
cet inénarrable Ninus II était le descendant
direct de l'Assuérus de Racine, et, à ce titre,
le légitime souverain du parterre, l'oint du
seigneur Duvicquet. Victor Hugo avait déjà
en portefeuille ou dans les cartons des di-
recteurs de théâtre deux pièces révolution-
naires qui devaient aider à l'affranchisse-
ment de l'art. Mais, si puissant que soit un
génie, il ne peut produire, d'un coup, une
rénovation complète. L'œuvre de délivrance

E

que devait tenter le drame de *Hernani* n'allait pas beaucoup au-delà de la forme scé-
nique. C'était l'enveloppe classique que Hugo
déchirait : la dose d'éléments dramatiques
qu'on mettait inévitablement dans cette enveloppe, il la conservait, il en usait sans
guère y ajouter. Le drame de *Hernani*, on
l'a trop peu remarqué, est à peu près classique par le fond.

Alfred de Vigny, longtemps avant que
Hernani eût paru à la scène, avait eu l'idée
d'une révolution dramatique plus profonde
et, par conséquent, plus féconde. Il avait
voulu affirmer la liberté de conception en
même temps que la liberté d'exécution.

« La scène française s'ouvrira-t-elle, ou
non, à une tragédie moderne produisant :
— dans sa conception, un tableau large de
la vie, au lieu du tableau resserré de la
catastrophe d'une intrigue; — dans sa
composition, des caractères, non des rôles, des scènes paisibles sans drame, mê-
lées à des scènes comiques et tragiques; —

dans son exécution, un style familier,
comique, tragique et parfois épique? »

Pour résoudre la question, il fallait l'au-
torité d'un chef-d'œuvre, l'exemple d'un
drame qui, par lui-même, fût hors de question. Alfred de Vigny traduisit *Othello*
pour la scène. Le rhythme entrait pour beaucoup dans le débat; il fallut que le traducteur fît sa version en vers. Un travail de ce
genre, accompli avec l'intelligence et le
respect de l'original, est assurément le plus
pénible et le plus ingrat labeur que le talent puisse s'imposer.

L'idée, dans toute tête bien organisée,
naît avec sa forme. Elle jaillit tout armée,
comme Minerve du cerveau de Jupiter;
mais ajuster une panoplie nouvelle à la
déesse d'autrui, sans froisser les membres délicats de l'Immortelle, c'est une
œuvre à lasser les doigts des meilleurs artistes. A l'époque où Alfred de Vigny traduisit le *More de Venise*, les translateurs,
qui étaient nombreux, étaient bien loin de

surmonter les difficultés d'un semblable travail : ils ne les voyaient même pas. Ils plaquaient la cuirasse plate et uniforme de leurs alexandrins sur la pensée étrangère; ils l'étouffaient, l'écrasaient, la mutilaient, la déguisaient honteusement, et avaient coutume d'appeler leur odieuse trahison une conquête du génie français. Alfred de Vigny fit une traduction aussi littérale que peut l'être une traduction en vers; depuis, il a été égalé dans cette dure tâche, mais il demeure le premier qui l'ait entreprise. Il y a déployé l'intelligence d'un poëte et la patience d'un soldat.

Enfin, dans un moment « où la politique semblait assoupie par la trève d'un ministère modéré [1], » la tentative fut faite. Le 24 octobre 1829, le *More de Venise* fut représenté sur la scène du Théâtre-Français. Othello parut sous les traits de Joanny, et la pâle Desdemona emprunta

1. Alfred de Vigny.

la beauté superbe de mademoiselle Mars.

Le *More de Venise* fut respecté, sinon admiré ; le mouchoir de Desdemona, terreur et dégoût du bon Ducis, parut enfin digne d'un parterre. La voie dramatique était, sinon entièrement ouverte, du moins un peu déblayée à la conception moderne du drame. On sait quelles œuvres illustres parurent depuis sur la scène française. *Othello*, *Henri III*, *Hernani*, marquent assurément une époque nouvelle du théâtre en France ; mais l'ère ouverte par l'intelligente audace d'Alfred de Vigny, par la force impétueuse d'Alexandre Dumas et par la puissance lyrique de Victor Hugo, si imposante qu'elle soit, n'égale assurément pas encore notre théâtre aux théâtres indien, grec, anglais, espagnol et allemand. Nous ne pouvons rechercher ici les causes de cette infériorité, mais l'œuvre de M. de Vigny, que nous allons immédiatement rencontrer sur notre chemin, nous révélera peut-être, en passant, quelqu'une de ces causes.

En 1829, Alfred de Vigny n'avait encore aucune intention de tenter le théâtre pour son propre compte. Il avait essayé quelques tragédies dans son enfance, à une époque où l'on ne pense pas encore; mais aucune de ses pensées ne s'était présentée à lui sous une forme dramatique. Il ne sentait pas en lui le germe d'une conception de ce genre, ou du moins il ne prévoyait pas le temps où elle serait mûre. « Il est possible, écrivait-il, qu'après avoir touché, essayé et bien examiné avec un prélude de Shakespeare cet orgue aux cent voix qu'on appelle théâtre, je ne me décide jamais à le prendre pour faire entendre mes idées. »

Et pourtant, trois ans après, le 25 juin 1831, le comte Alfred de Vigny faisait représenter, pour la première fois, au théâtre de l'Odéon, la *Maréchale d'Ancre*, drame en cinq actes et en prose.

L'auteur de *Cinq-Mars* se plaçait une seconde fois en face de l'histoire, muse farouche qu'il avait trop peu respectée.

Les ressorts secrets du drame, tels que l'auteur les révèle, ne manquent assurément ni de grandeur ni de profondeur, et semblent de nature à imprimer à l'œuvre nouvelle quelque chose de la majesté terrible des tragédies antiques.

« Au centre du cercle que décrit cette composition, un regard sûr peut entrevoir la destinée, contre laquelle nous luttons toujours, mais qui l'emporte sur nous dès que le caractère s'affaiblit ou s'altère, et qui, d'un pas très-sûr, nous mène à ses fins mystérieuses, et souvent à l'expiation, par des voies impossibles à prévoir. Autour de cette idée, le pouvoir souverain dans les mains d'une femme, l'incapacité d'une cour à manier les affaires publiques, la cruauté polie des favoris, les besoins et les afflictions des peuples sous leurs règnes. Ensuite les tortures du remords politique, puis celles de l'adultère frappé, au milieu de ses joies, des mêmes peines qu'il donnait sans scrupule ;

et, après tout, la pitié que tous méritent[1]. »

Mais l'écrivain qui a su trouver dans l'histoire les éléments d'un drame imposant et profond, et qui tient ces éléments enveloppés et resserrés dans une idée dramatique, va, par un malheur inconcevable, par la plus incroyable des contradictions, chercher, dans les conceptions arbitraires d'une fable philosophique, les développements que l'histoire lui donnait avec une vérité bien plus fatale et une philosophie, moins symétrique sans doute, mais tout aussi réelle.

La hauteur du drame s'abaisse des sommets de l'histoire aux plates régions de l'anecdote. Les personnages, au lieu d'être nécessairement vrais, deviennent ingénieux et faux. Voilà ce qu'on gagne à trahir l'histoire. L'imagination ne s'exerce pas impunément contre elle. L'imagination ranime les cendres éteintes, ou, si elle donne

1. Alfred de Vigny.

la vie à l'argile qu'elle a elle-même pétrie,
elle ne peut jeter ses créatures dans un
monde réel, dans un milieu précis, car elles
n'y trouveraient point d'intelligences, elles
n'y auraient aucun lien, elles y vivraient
inharmonieusement ; comme à la statue
animée de Pygmalion, il leur manquerait
le souvenir maternel.

L'ensemble du drame, *la Maréchale
d'Ancre*, péchant contre l'histoire, pèche
contre la vérité. Le poète se retrouve dans
les détails, ingénieux pour la plupart, profonds quelquefois. Quelques superbes scènes méritent le souvenir ; le duel du Ve acte
compte parmi les plus beaux fragments
qu'on puisse citer du théâtre français.

On sent combien il nous serait facile de
généraliser les critiques que nous adressons
à la *Maréchale d'Ancre*, et comme facilement
on pourrait excuser Alfred de Vigny par
l'influence du milieu.

IX

J'aime la majesté des souffrances humaines.
ALFRED DE VIGNY.

Alfred de Vigny publia *Stello* en 1824, 33 *Servitude et grandeur militaires* en 1835. Poète et soldat, il a raconté le soldat moderne et le poète moderne.

§ 1er

Ave, Cæsar, Imperator, morituri te salutant.

Le livre de *Servitude et grandeur militaires* est composé de trois simples récits

qui sont peut-être ce qu'on a dit de plus
fort et de plus beau sur le soldat français.
Alfred de Vigny avait pu, en quatorze ans
d'armée, longuement mesurer la grandeur
du caractère militaire et son véritable es-
clavage. Il avait jugé que l'homme de guerre,
isolé du citoyen, comme il l'est en France,
devient malheureux et féroce à sentir sa
condition mauvaise et absurde. Tout en
voyant les fronts pliés, sous le shako, aux
monstrueuses résignations de l'obéissance
passive, il les avait trouvés beaux de leur
stoïque impassibilité dans l'accomplissement de devoirs pénibles ou odieux. Il
avait compris que c'étaient là des esclaves,
mais des esclaves pleins de grandeur. En
mémoire de ces héros obscurs, le poète
frappa trois médailles de bronze, trois rudes
profils impassibles et douloureux, les trois
effigies du capitaine du « Marat » déchiré
par le duel intérieur du devoir et de la conscience ; de l'adjudant d'artillerie de Vincennes, martyr de la responsabilité absur-

dement liée à l'obéissance passive, et du
capitaine Renaud, héros anonyme de l'honneur. Vigny a profondément gravé ces durs
visages, simples et francs, sillonnés de
coups de sabre et de rides ; il a excellé à
faire glisser une larme furtive sur leurs
joues de bronze, car il aimait les groguards.

Dans sa vie de garnison, il avait toujours
préféré aux jeunes officiers pleins de chiffres
et de théories, « savants sur la coupe de
leur habit, orateurs de café et de billard [1], »
bavards et vides, les vieux capitaines froids,
sévères et bons, dont le dos voûté était de-
meuré tel que l'avait plié le sac lourd d'habits et de munitions. C'était la société de
ces moustaches grises que le lieutenant de
Vigny recherchait de préférence. Il les écoutait, il recueillait le récit de leurs impressions et de leurs souvenirs. Il s'efforçait de
retrouver l'homme sous le soldat et de faire
jaillir de leurs yeux ternes, levés à quinze

1. Alfred de Vigny.

pas devant eux, un éclair de tendresse humaine. Puis, dans le recueillement et la re-
traite, il écrivit le testament sacré de ces
sublimes grognards : *Servitude et grandeur
militaires.* »

§ II.

La maladie des perles...
M. SAINTE-BEUVE.

Du soldat passons au poète.

La poésie est nationale et populaire chez
les peuples primitifs. Elle fait partie de leur
organisation même ; elle les imbibe, elle les
pénètre, elle circule à travers le corps social,
comme le sang de ses veines. Alors les peuples
aiment leur poésie, parce que c'est eux qui
la font. Faite par tous, elle est comprise de
tous. Comme elle sort de la bouche populaire,
elle est la langue populaire, la langue fatale et
nécessaire dans laquelle se formulent les lois
divines et humaines. Le poète est un prêtre,
un législateur ou un guerrier. Mais, quand
les fonctions se précisent et que les attri-

butions, en se multipliant, s'excluent les
unes les autres, le poète se resserre dans
l'enceinte d'airain d'une caste, ses chants
ne sont plus l'expression complète d'une
race ou d'un peuple, mais seulement d'une
idée religieuse ou philosophique. Bientôt
même l'enseignement de cette caste est
méconnu ; le collége sacré est dispersé
par la violence. Le poète n'est plus qu'un
individu ; sa poésie devient toute personnelle.
Il se fait sa langue à lui, langue forcément
obscure et mal écoutée, qui n'exprime plus
que l'hymne ou la plainte d'un être isolé.

Tel est l'état du poète dans les sociétés
modernes. Cette déchéance et cette solitude
le rendent triste ; et sa muse, à qui la Cité
ferme ses murailles, est faible et maladive
comme une bannie. L'exilée alors se pare
de ses douleurs, ou bien va chercher dans
les souvenirs antiques la joie et la sérénité
des temps évanouis.

Cette douleur, vague ou précise, est au
fond de toute âme de poète. C'est la mala-

die du génie : Byron et Lamartine l'ont connue, le grand Goëte y a échappé par la con-
templation et le souvenir. Alfred de Vigny
l'a analysée dans son beau livre de *Stello*.

Le triste Stello est le poète des vieilles
sociétés : il est souffrant et seul au milieu
des bruits de la rue, et l'implacable docteur
Noir lui démontre, avec une désespérante
clarté, que toute forme de la société moderne repousse le poète et n'en a que faire.
Les monarchies absolues le craignent, les
gouvernements constitutionnels le dédai-
gnent, les républiques le haïssent.

« La multitude sans nom est ennemie des
noms [1]. »

Le livre nous apparaît profond et vrai au
point de vue où nous nous plaçons, de façon
à le découvrir dans son ensemble et à n'y
voir que le poète en face de la société moderne.

Alfred de Vigny voulait, dans une seconde

1. Alfred de Vigny.

consultation, interroger l'implacable docteur Noir sur la destinée de l'homme ; entendre de lui que « tous les crimes venant
de la faiblesse ne méritent que pitié. » —
Établir cet axiome :

L'espérance est la plus grande de nos
folies.

Et analyser profondément tous les gen-
res de suicide.

La troisième consultation devait être sur
les hommes politiques, la quatrième sur
l'idée de l'amour, « qui s'épuise à chercher
l'éternité de la volupté. »

Alfred de Vigny s'arrêta épouvanté. Il
demeura silencieux et s'en tint à ses trois
ouvrages : *Cinq-Mars*, *Stello*, *Servitude*,
grande trilogie qui forme, comme Alfred
de Vigny l'a dit lui-même, l'épopée de la
Désillusion.

Alfred de Vigny portait, dans sa vie
comme dans ses écrits, le deuil profond du
mal universel. Les préoccupations du poète
sur le sort des poètes étaient continuelles

et vraies; il apprit avec douleur, en 1839, que Lassailly venait de succomber à une fièvre chaude causée par la surexcitation d'un cerveau excessif et supérieur. Il parla de ce malheur à M. de Lamartine, qui fit une quête pendant une séance de la chambre, et M. de Vigny eut la joie d'en porter le produit à la sœur du pauvre poète.

Une préoccupation du même genre, et également généreuse, lui fit écrire, le 15 janvier 1841, aux députés, une lettre sur mademoiselle Sedaine et la propriété littéraire.

Il n'appartenait qu'à une âme aussi désintéressée que la sienne de plaindre la misère des autres sans avoir jamais eu à l'éprouver pour son propre compte, ni même à la redouter. Quant aux souffrances morales, il devait à la délicatesse de son organisation de les percevoir avec une intensité particulière.

F

X

« Stabat Mater. »

Un jour de l'année 1817, M. Léon de Vigny, âgé de 74 ans, malade et courbé par les blessures, se redressa sur son lit et prit rudement la petite main de son fils Alfred. « Mon enfant, lui dit-il, je ne veux pas faire de phrases, mais je sens que je vais mourir ; c'est une vieille machine qui se détraque ; rends ta mère heureuse et garde toujours ceci. »

Et il mourut.

Il avait remis à l'enfant le portrait de sa mère.

Nous avons vu, penché sur le berceau
de l'enfant, le profil triste jusqu'à la sévé-
rité de cette mère dont il avait l'âme grave
et les beaux cheveux blonds. Madame de
Vigny, fille de l'amiral Baraudin, cousine
de Bougainville et petite-nièce du poëte
Régnard, était bien du sang de ces hommes
forts et sains. Il y avait entre Alfred et
madame de Vigny cette sympathie profonde
que la mystérieuse nature mit entre le fils,
et la mère. Alfred était, de ses quatre fils,
le dernier et le seul qui ait vécu : les autres
étaient morts avant sa naissance ; et la mère
avait enseigné à l'enfant qu'il avait trois
anges gardiens dans le ciel, Léon, Adolphe,
Emmanuel, dont il fallait mêler le nom à
ses prières.

Alfred de Vigny, après qu'il eut quitté le
service et qu'il se fut marié, prit sa mère
avec lui ; elle était souffrante, il se fit son
garde-malade ; il lui lisait de bons livres
très-sérieux, il se faisait porter chez elle
son déjeuner, il veillait à ce qu'elle entendît

la musique qu'elle aimait. Il passait quelquefois la nuit debout près du lit de la malade qui le payait, au matin, d'une parole
comme celle-ci :

— « Tu me fais plus de bien que les mé-
decins. »

Alfred de Vigny n'avait qu'une médiocre
fortune : les nuits de travail payaient les
dépenses de la malade. Pieux tribut du génie, les éditions de *Cinq-Mars* prolongèrent
l'existence d'une mère.

Au printemps de l'année 1833, madame
de Vigny eut une attaque de paralysie;
elle mit quatre ans à achever de mourir.

Un soir de décembre 1837, assise dans
son fauteuil, les pieds sur son tabouret,
elle se mit à chantonner sur un vieil air :

> Une humble chaumière isolée
> Cachait l'innocence et la paix.
> Là vivait, c'était en Angleterre,
> Une mère dont le désir
> Était de laisser sur la terre
> Sa fille heureuse, et puis mourir.

— « De qui est donc ceci, maman? demanda son fils.

— De Jean-Jacques, dit-elle, « sa fille « heureuse, et puis mourir, » entends-tu? »

Une autre fois elle lui disait :

— « Je serais bien égoïste de ne te pas donner mes livres; je ne les lirai plus.

— Elle me tue avec ces mots-là! » soupirait son fils, qui disputait pieusement cette mère adorée à la mort qui venait.

Madame de Vigny mourut dans les bras de son fils le 24 décembre 1837.

Après avoir longuement pleuré, Alfred de Vigny écrivit ceci :

« 29 *décembre*. Son visage était angélique dans la mort; j'ai pleuré à genoux devant elle, j'ai pleuré amèrement, et cependant je sentais que son âme sans péché était délivrée, et, revêtue d'une splendeur virginale, planait au-dessus de moi et de son beau visage, dont les yeux étaient doucement entr'ouverts comme dans le sommeil des bienheureux. Pourquoi donc ai-je tant pleuré? Ah!

c'est qu'elle ne m'entendait plus et qu'il me
fallait garder dans mon cœur tout ce que je
lui aurais dit. »

Le souvenir de sa mère ne le quitta jamais ; agenouillé sur la tombe qu'il lui avait
élevée, il la voyait vivante et endormie ; une
nuit qu'il lisait le *Stabat mater*, il la sentit
étendue à ses pieds et « pleura amèrement. »

XI

Un désespoir paisible est la
sagesse même.

ALFRED DE VIGNY.

L'âme d'Alfred de Vigny était profondément religieuse et même un peu mystique.
Le poète méditait de donner à un nouveau
recueil le titre d'*Elévation*, qui, par une
mystérieuse ressemblance des mots, impli-
quait l'idée d'un office divin. Il y avait en
lui du prêtre; il avait tout l'hiératisme
qui peut entrer dans une âme moderne, la
conscience du sacerdoce qu'exerce l'intelligence.

Aussi un poète comme Vigny, n'est-ce pas vraiment un prêtre de la nouvelle loi, un initiateur? Sa foi se bornait à un petit nombre de convictions négatives lentement amassées et sur lesquelles il asseyait un désespoir calme. Ayant cherché Dieu dans la nature et ne l'ayant pas trouvé, il voulait que l'être humain se tînt seul et debout, ayant son Dieu présent en lui : l'honneur.

Le sage, selon lui, ne devait pas s'obstiner à appeler sans cesse un Dieu toujours caché ou toujours absent.

Il écrivit un jour ces mots sur son journal :

« La terre est révoltée des injustices de la création ; elle dissimule par frayeur de l'éternité, mais elle s'indigne en secret contre le Dieu qui a créé le mal et la mort. Quand un contempteur des dieux paraît, comme Ajax, fils d'Oïlée, le monde l'adopte et l'aime ; tel est Satan, tels sont Oreste et don Juan.

« Tous ceux qui luttèrent contre le ciel

injuste ont eu l'admiration et l'amour secret des hommes. »

Celui qui traça ces lignes lança, dans une
de ses plus fortes poésies[1], le défi de la
créature au créateur. Tout est sincère, tout
se lie et s'enchaîne dans la vie et dans l'œuvre d'Alfred de Vigny. Jamais, au plus lourd
instant de lassitude, il ne tenta de s'appuyer
sur une religion étrangère, si froide et si
sévère que fût la sienne. Mais il sentait bien
que l'honneur ne peut être l'unique religion
de tous, et que si toute foi périssait, les na-
tions ne pourraient se prendre à l'honneur
pour se tirer du désespoir.

« O céleste illusion de la foi, s'écriait-il
alors, reste dans les contrées qui t'ont cul-
tivée comme une fleur sacrée ! car, lorsque
tu auras quitté la terre entière, que feront
les hommes encore ? N'est-il pas merveilleux que, lorsqu'on apprend à l'enfant qu'il
doit mourir un jour, il ne se couche pas

1. Le *Jardin des Oliviers*.

jusqu'à ce que la mort vienne le prendre [1] ? »

Cette âme était stoïque et, par un étrange
contraste, un peu féminine. Planant avec
sérénité au-dessus des faibles, elle se pen-
chait vers eux avec une sympathie native et
profonde. Elle entra dans la géhenne où
mouraient les Chatterton et les Gilbert, un
peu comme la fille des anges qu'elle avait
rêvée descendit vers Satan qui souffrait.
Sans être atteinte elle-même de leur mal,
elle en ressentait l'impression avec l'exquise délicatesse d'une organisation de
femme.

Le poète voyait avec tristesse les indivi-
dus s'abîmer tour à tour dans ce gouffre de
la Mort, dans ces vagues royaumes d'Hadès
qui lui apparaissaient terribles, insondables,
comme les voyait Byron [2].

Il ne savait où vont les peuples, et il ne

1. Le *Char de Brahma*, projet de poëme.
2. *Caïn.*

sut jamais bien comment il faut les mener
ou comment ils doivent se conduire.

Sur le gouvernement des peuples, il
eut des idées et des impressions, et les
impressions n'étaient point conformes aux
idées. Le dernier des Vigny avait, dans le
sang, un attachement instinctif pour la mo-
narchie. On n'a pas impunément des ancêtres gentilshommes, un oncle tué à Quiberon, un père soldat du roi et une mère
dévotement royaliste. Le comte Alfred de
Vigny aimait les royautés, c'était affaire de
goût, de sentiment, d'impression. Mais l'auteur de *Stello* et de *Chatterton* ne trouvait
point le régime de la Restauration conforme
à ses maximes de penseur. Lui qui n'avait
pas voulu voir la révolution dans les faits,
il fut obligé, par la force de son intelligence,
de la rétablir dans le domaine de l'idée. En
1835, le penseur écrivit ces lignes que le
gentilhomme ne dut avouer qu'avec regret :

« Le seul gouvernement dont l'idée ne
soit pas intolérable, c'est celui d'une ré-

publique dont la constitution serait pareille
à celle des États-Unis américains. »

Au reste, cette lutte de deux hommes en
un fut touté intellectuelle : elle ne se traduisit jamais par un acte quelconque. Alfred
de Vigny ne fut jamais un homme politique ;
c'est son âme que nous essayons de raconter
en ce moment.

Le 29 juillet 1830, au bruit de la fusil-
lade, il écrivit ceci :

« Depuis ce matin, on se bat. Les ou-
vriers sont d'une bravoure de Vendéens ; les
soldats d'un courage de garde impériale :
Français partout. — Ardeur et intelligence
d'un côté, honneur de l'autre. — Quel est
mon devoir ? Protéger ma mère et ma
femme. Que suis-je ? Capitaine réformé. J'ai
quitté le service depuis cinq ans. La cour
ne m'a rien donné durant mes services. Mes
écrits lui déplaisaient ; elle les trouvait sé-
ditieux. Louis XIII était peint de manière
à me faire dire souvent : *Vous qui êtes libé-
ral.*` J'ai reçu des Bourbons un grade par

ancienneté, au 5ᵉ de la garde, le seul, car
j'étais entré lieutenant. Et pourtant, si le
roi revient aux Tuileries et si le dauphin se
met à la tête des troupes, j'irai me faire tuer
avec eux. — Le tocsin. — J'ai vu l'incendie de la fenêtre des toits. — La confusion viendra donc par le feu. Pauvre peuple,
grand peuple, tout guerrier!

« J'ai préparé mon vieil uniforme, si le roi
appelle tous les officiers, j'irai. — Et sa
cause est mauvaise, il est en enfance ainsi
que toute sa famille ; en enfance pour notre
temps qu'il ne comprend pas. Pourquoi
ai-je senti que je me devais à cette mort?
Cela est absurde. Il ne saura ni mon nom
ni ma fin. Mais mon père, quand j'étais encore enfant, me faisait baiser la croix de
Saint-Louis, sous l'Empire : superstition,
superstition politique, sans racine, puérile,
vieux préjugé de fidélité noble, d'attachement de famille, sorte de vasselage, de pa-
renté du serf au seigneur. Mais comment
ne pas y aller demain matin s'il nous ap-

pelle tous? J'ai servi treize ans le roi. Ce
mot : le roi, qu'est-ce donc? Et quitter ma
vieille mère et ma jeune femme qui comp-
tent sur moi! Je les quitterai, c'est bien injuste, mais il le faudra.

« La nuit est presque achevée. — Encore
le canon. » — Et le lendemain, il ajoutait :

« Ils ne viennent pas à Paris, on meurt
pour eux. Race de Stuarts! oh! je garde
ma famille! »

Alfred de Vigny, ainsi qu'il l'a dit lui-
même, jugeait enfin avec sa tête ce que la
veille encore il jugeait avec son cœur.

Quelques jours après, il organisa la
2ᵉ compagnie du 4ᵉ bataillon de la 1ʳᵉ légion de la garde nationale.

Un petit fait, mais dont Alfred de Vigny
aimait à se souvenir et qu'il contait souvent
à ses amis, se rattache à l'époque de sa vie
où il commandait la garde nationale. Le
voici :

Etant colonel, le comte de Vigny rencontra au poste un officier du même corps,

vieux déjà, à demi paralysé et de mine farouche, qui le regardait avec défiance. Ce
vieillard sombre était Népomucène Lemercier, poëte de génie et le plus beau caractère d'écrivain de tout l'empire. Les sifflets
du parterre, les balles des pistolets anony-
mes[1], le mépris des jeunes romantiques,
tous plus ou moins catholiques ou royalistes,
la maladie, l'âge, rien n'avait plié cette
âme de fer trempée dans la Révolution. Les
ruines l'avaient frappé intrépide, comme
Caton ; mais la solitude l'avait rendu farouche. En chaque homme qu'il rencontrait,
il s'apprêtait à trouver un ennemi. En face
du poëte gentilhomme, le vieux lion de-
meurait froid et silencieux, attendant l'ou-
trage accoutumé.

Mais le comte de Vigny savait juger le
prix d'un grand caractère et d'un grand
poëte : il estimait profondément Népomu-

1. Voir l'introduction du 4me volume du *Cours de Littérature dramatique* de N. Lemercier, et *les Hommes
du jour*, par St-Edme et Sarrut, biogr. de Lemercier.

cène Lemercier; il lui témoigna son admiration en paroles chaudes et fortes. Il parla en poëte des œuvres du poëte, de son théâtre si hardi et si nouveau, de sa *Panhypocrisiade* d'un génie si amer. Il lui cita des vers.

. . . .
. . . .

« Et sent se dépouiller l'or de sa chevelure. »

Alfred de Vigny reçut le prix de sa loyale admiration. Il vit pleurer le vieux Népomucène Lemercier, qui s'écria, les yeux humides :

« Je ne suis donc pas encore tout à fait oublié ! »

Cet honnête homme mourut en 1840. Alfred de Vigny vantait l'épitaphe que Lemercier lui-même avait dictée pour sa tombe :

« Il fut homme de bien et cultiva les lettres. »

Le 29 août, à une revue du Champ de Mars, le comte Alfred de Vigny commanda le 4e bataillon de la 1re légion. Le roi Louis-Philippe ôta son chapeau, au commandant et dit :

— « Je suis bien aise de vous voir et de vous voir là. Votre bataillon est très-beau. »

Alfred de Vigny dit qu'il trouva le roi beau et ressemblant à Louis XIV, et il ajouta :

« A peu près comme madame de Sévigné trouvait Louis XIV le plus grand roi du monde après avoir dansé avec lui. »

L'ironie est la dernière phase de la désillusion.

Dès lors, Alfred de Vigny resta doucement ironique devant tous les grands changements d'État qui s'accomplirent sous ses yeux. Il put avoir encore quelques préférences, mais plus de culte ; il avait rompu le pacte des ancêtres et renoncé à leur héritage de fidélités et de haines politiques. Il vécut libre et fier, à l'abri des intrigues, loin des politiques ambitieux et inquiets ; enfin il se montra digne en tout point de

G

la belle louange contenue dans les beaux
vers que son ami Antoni Deschamps lui
adressa[1] :

Alfred, ce n'est pas toi qui voudrais, à ce prix,
T'asseoir à leurs côtés, sous leurs vastes lambris ;
Comme un cygne tombé dans un marais immonde,
Souiller ta plume blanche en la fange du monde,
Et mêler, pour la perdre en ce bruyant séjour,
Ta parole immortelle à leur fracas d'un jour !
Non, non, ce n'est pas là le poste du poëte :
La muse chante au temple, ailleurs elle est muette !
Comme on fait aujourd'hui, toi, tu ne voudrais pas
Prostituer ta lyre aux choses d'ici-bas ;
Tu l'estimes trop sainte, et méprisant la ruse,
Tu n'attachas jamais de cocarde à ta muse.
Les Dieux lares sont tout, et le Forum n'est rien.

Le scepticisme profond et doux qui fut
toujours dans l'âme du poëte augmenta avec
l'âge. En 1848, Alfred de Vigny était en
proie à un désespoir calme qui lui faisait
chercher le repos et la solitude. Il aimait

1. Non plus que les glorieuses louanges, les honorables
injures ne lui firent défaut. Alfred de Vigny fut insulté
par l'auteur des *Libres Penseurs*.

M. de Lamartine, mais il n'était jamais de
son avis.

Il n'espérait rien qui lui plût, ni de lui
ni des autres. M. de Vigny avait cette vertu
qui est propre au sage dans les époques de
décadence et de corruption, vertu solitaire
qui ne prend d'appui qu'en elle-même, repousse toute sanction du monde et n'a plus
de foi qu'en sa propre divinité intérieure;
elle est à elle-même son génie et sa lumière.
Tels furent aussi les derniers honnêtes ci-
toyens de Rome, et l'âme du poète ressemble un peu aux plus douces et aux plus
tendres d'entre les âmes qui traversèrent,
sous le manteau du stoïcien, l'immense or-
gie du bas empire. Comme les stoïciens, il
a toujours l'œil sur le poignard; il vit fami-
lièrement avec l'idée de la mort volontaire
qu'il finit par incarner dans son personnage
de Chatterton.

S'abstenir était le premier principe de sa
conduite. Il avait horreur d'une activité sté-
rile et bruyante. Le temps était loin où l'ar-

deur de l'action avait fait mugir ses tempes.
Il vit avec tranquillité, mais non sans amer-
tume, les premiers actes du gouvernement
provisoire, et bientôt se retira en sa terre
natale de Beauce, dans son vieux château
gothique du Maine-Giraud, qui était plein,
pour lui, de souvenirs maternels.

C'était une petite forteresse à tourelles,
ceinte d'ormes, de frênes et de vieux chê-
nes, arbres séculaires que le dernier des
Vigny ne souffrit jamais qu'on abattît, parce
que, disait-il, les vieux arbres ressemblent
aux vieux parents. Le Maine-Giraud, avec
ses mille fenêtres et ses grands parcs, coû-
tait des impositions énormes et ne rappor-
tait rien. Il donnait le droit d'être député.
« Or, c'est justement ce que je ne veux pas
être, disait M. de Vigny. Mon âme et ma
destinée seront toujours en contradiction.
— C'était écrit ! »

XII

Quand ils seront tous assem-
blés et assis, je leur dirai...
                        LESAGE.

Alfred de Vigny n'était pas né pour le
théâtre ; son âme contemplative et toute
intérieure semblait peu propre aux expan-
sions du drame. Mais les émotions de la
scène deviennent nécessaires à quiconque
les a une fois éprouvées. L'auteur, médiocrement goûté, de *la Maréchale d'Ancre*, ne
renonça point à un mode d'expression qui
ne lui était pas naturel, mais que son talent
d'artiste lui permettait d'acquérir. Il per-
sista, et il fit bien : à cette patience nous de-

vous deux chefs-d'œuvre un peu artificiels,
mais purs et durables.

Un jour, la princesse de Béthune raconta
à M. de Vigny une anecdote qui le frappa
fortement.

C'était l'histoire d'un mari qui n'avait,
au su de tout le monde, jamais mis les
pieds chez sa femme depuis cinq ans. Il savait fort bien qu'elle avait un amant, mais
les choses se passaient avec décence.

Un soir, ce mari entre chez sa femme.
Elle s'étonne, elle s'alarme. Il dit :

« Restez au lit ; je passerai la nuit à lire
dans ce fauteuil. Je sais que vous êtes grosse,
et je viens ici pour vos gens. »

Elle se tut et pleura. C'était vrai.

Voilà bien *une scène*. Il est impossible
de formuler littéralement cette anecdote
autrement qu'en comédie. C'est sous cette
forme aussi que le poète, après plusieurs
années, l'exprima.

Quitte pour la peur, petit acte en prose,
fut joué pour la première fois sur le théâtre

de l'Opéra, le 30 mai 1833, par Bocage et
la charmante madame Dorval.

Quoi qu'ait dit l'auteur, dans sa préface,
nous écartons la grande question du mariage
qu'il fait peser sur sa pièce, et qui nous
semble bien lourde pour cette œuvre délicate et charmante. Par un scrupule digne de
lui, M. de Vigny voulait qu'il y eut *une
pensée* dans chacune de ses œuvres ; et,
quand l'œuvre était achevée, cette juste préoccupation se tournait en une grave inquiétude dont toutes ses préfaces ont gardé
l'empreinte, et, particulièrement les quelques lignes d'avis qui précèdent *Quitte pour
la peur*. L'excellent petit acte de M. de
Vigny ne présente ni une action d'un caractère assez général, ni des développements
assez complets pour qu'on y puisse voir en
jeu le mariage et l'adultère. C'est un ouvrage d'une morale intelligente et haute,
mais ce n'est pas une pièce sociale. Le
charme de cette comédie est dans l'exquise
discrétion des formes autour d'un sujet un

peu brutal. M. de Vigny, pour un grand
écrivain, s'est montré fort adroit.

On applaudit ; il songea immédiatement
à mettre à la lumière du théâtre la grande
question dont nous l'avons vu constamment
préoccupé. Il voulut montrer sur la scène
l'âme toute nue d'un poète moderne.

Dans ce but, il réprit dans *Stello* l'épisode
de Chatterton, qu'il eut à refaire d'un bout à
l'autre. Sa première idée s'était formulée
d'une façon aussi peu théâtrale que possible.
C'était, dans le livre, une délicieuse et poétique analyse sans décor, sans intrigue, sans
aucune scène indiquée, ou du moins déve-
loppée. Le poète fut obligé de couler à nouveau sa conception dans un second moule
absolument différent du premier. Dur labeur
de refonte dans lequel le métal court risque
de s'altérer ! Ce fut le travail de quatorze
nuits. Il en sortit le drame de *Chatterton*.

C'est ainsi que s'appelle le héros : il n'a
rien de commun avec le mauvais garnement
de ce nom qui se suicida en Angleterre, à l'âge

de dix-neuf ans, après avoir fait des poèmes
assez curieux et de fort mauvaises actions.
Le Chatterton de M. de Vigny est purement
idéal. C'est le Poète aux prises avec une
société égoïste et matérielle. Dans cette lutte
inégale, le poète est nécessairement le plus
faible. Il se tue, ou du moins c'est la société
qui le tue. Voilà tout le drame.

Le poignard a des droits sacrés : il est
des devoirs et des intérêts supérieurs à la
vie, nous le savons; mais les stoïciens, qui
n'étaient point les ennemis de la mort volontaire, n'avaient pas coutume de s'ouvrir
les veines à dix-neuf ans, sous prétexte
qu'ils étaient pauvres et qu'un magistrat
grossier avait, par bienveillance, offensé
leur dignité. Nous ne pouvons voir un cou-
pable dans le Chatterton de M. de Vigny,
mais nous ne pouvons non plus reconnaître
en lui un être sain et robuste.

L'épisode de Chatterton intercalé dans
Stello exprime une pensée qui est juste en
ce qu'elle se confond dans l'idée générale

du livre, laquelle est elle-même juste et
vraie. Mais Chatterton, isolé et grossi par
la scène, n'offre plus qu'un exemple faux et
dangereux. N'importe! il fit pleurer : on
applaudit.

Le succès fut grand, mais l'influence im-
médiate ne fut pas bonne. De juvénils déses-
poirs poussèrent, comme des champignons,
pendant la nuit qui suivit la première représentation. « Le ministre de l'intérieur,
M. Thiers, reçut les jours suivants des lettres de tous les Chattertons en herbe :

« Du secours, ou je me tue! »

M. Thiers disait :

« Il faudrait renvoyer tout cela à M. de
Vigny¹ »

Chatterton n'en est pas moins un drame
intime, fort bien fait et écrit dans la plus
belle prose que nous ayons jamais entendue
sur notre théâtre contemporain.

Ce drame contient un des plus merveil-

1. M. Sainte-Beuve.

leux types de femme qui aient été créés
depuis Racine. Kitty Bell peut être com-
parée à Monime : je ne sais laquelle des
deux est d'une pureté plus exquise et d'une
plus délicieuse pudeur.

XIII

Hamlet.
Est-ce un prologue ou une
devise pour une bague?
Ofelia.
C'est court, Monseigneur.
Hamlet.
Comme l'amour d'une femme.
SHAKESPEARE.

Kitty Bell, c'était madame Dorval. De quelle grâce poétique, de quelle chasteté suave elle revêtit l'adorable création du poète, ceux qui l'ont vue en ont été surpris et charmés, et ils ont pensé aux « vierges maternelles de Raphaël » et aux « plus beaux tableaux de la charité[1]. »

1. Alfred de Vigny.

Le génie de madame Dorval n'était toutefois alors une révélation ni pour Vigny,
ni pour le public. Madame Dorval avait déjà
passé par une brillante série de créations,
et Kitty Bell fut une des plus touchantes et
une des dernières incarnations de cette âme
ardente qui créa « la femme du drame nouveau, l'héroïne romantique au théâtre [1]. »
Deux ans avant elle avait, dans *Quitte pour
la peur*, prêté sa pudeur naïve à cette jeune
duchesse que le poëte avait si finement
dessinée. En 1824 déjà, elle avait reçu
d'Alfred de Vigny, avec un exemplaire du
More de Venise, ces vers empreints d'une
admiration voilée :

Quel fut jadis Shakspeare?—On ne répondra pas,
Ce livre est à mes yeux l'ombre d'un de ses pas,
Rien de plus.—Je le fis en cherchant sur sa trace
Quel fantôme il suivait de ceux que l'homme embrasse,
Gloire,—fortune,—amour, pouvoir ou volupté?
Rien ne trahit son cœur, hormis une beauté

1. Madame Sand.

Qui toujours passe en pleurs parmi d'autres figures
Comme un pâle rayon dans les forêts obscures,
Triste, simple et terrible, ainsi que vous passez,
Le dédain sur la bouche et vos grands yeux baissés.

C'est sans doute un enivrement profond de voir son idée, la création chérie de sa pensée, s'animer dans une femme de génie, palpiter dans son sein, s'enrichir des splendeurs d'un beau sang, marcher, rire, pleurer, être chair.

Quand son rêve se meut ainsi devant lui, le poëte ne peut-il parfois sentir ce que sentit Pygmalion, alors qu'il vit descendre, tiède et rougissante, du froid piédestal, l'amante longtemps inanimée de son génie et de son ciseau? Ne peut-il confondre, dans une idée d'union et de possession, sa pensée qui est à lui, avec l'intelligence, l'organe docile qui l'anime et la réalise? Une confusion de ce genre est faite, en pleine inconscience, par la plupart des spectateurs d'un drame, tout étrangers qu'ils en soient, et l'on a pu dire que, pour une actrice, il y a plus d'amoureux que de critiques dans une salle de spectacle.

Le charme de la comédienne, vraiment inspirée, ne s'évanouit pas au sortir de la scène; il change, il devient plus intime, mais non moins pénétrant, dans la vie réelle. Derrière l'œuvre d'art, on retrouve l'artiste tout entière, nature mobile, multiple, d'une sensibilité exquise, être incertain, tout prêt à planer, tout prêt à tomber, éternel objet d'angoisses et de ravissements.

Les moindres détails captivent, parce qu'ils touchent en même temps aux choses du cœur, de l'art et de l'intelligence. Alfred de Vigny, quittant la loge d'une actrice qu'il ne nomme pas, et qu'il n'a pas besoin de nommer pour qu'on la reconnaisse, se souvient de la toilette qu'il lui a vue faire, et écrit ce petit poëme intime:

« Une actrice vraiment inspirée est charmante à voir à sa toilette avant d'entrer en scène. Elle parle de tout avec une exagération ravissante; elle se monte la tête sur

de petites choses, crie, gémit, rit, soupire,
se fâche, caresse en une minute; elle se
dit malade, souffrante, guérie, bien por-
tante, faible, forte, gaie, mélancolique, en
colère; et elle n'est rien de tout cela, elle
est impatiente comme un petit cheval de
course qui attend qu'on lève la barrière,
elle piaffe à sa manière, elle se regarde dans
la glace, met son rouge, l'ôte ensuite; elle
essaye sa physionomie et l'aiguise; elle essaye *sa voix en parlant haut*, elle essaye
son âme en passant par tous les tons et tous
les sentiments. Elle s'étourdit de l'art et
de la scène par avance, elle s'enivre. »

Et alors se réalise le poëme de *Sylvia*.

SYLVIA.

« Le chevalier de Malte l'aimait peu. Elle
lui avait d'abord déplu. Il se disait : « C'est
une coquette! » tant qu'elle ne se donna
pas. Il la foulait aux pieds.

Frère hospitalier; — pieux, rêveur. —
Méprisant le plaisir et la mort. — Ne crai-

gnant ni le pouvoir ni la misère. — Prêtre militaire.

Tout à coup il la possède. Il s'attache à elle et entre dans sa vie.

La vie du théâtre. — Les tortures de ce jeune gentilhomme.

L'*amour* des *périls* de cette femme, l'*amour* de son *malheur*, de ses *humiliations* et de ses *fautes* même.

La candeur de l'actrice. — Désespoir attachant, gaieté enivrante, folie d'enfant, pleurs d'enfant.

Il voudrait n'être qu'un ami pour elle et se séparer de l'amour pour que l'infidélité, quand elle viendra, ne la force pas à l'abandonner [1]. »

Puisque la destinée plaça Sylvia sur la route du poète dont nous suivons la trace, nous ne pouvons détourner encore les yeux de cette figure si changeante et si insaisissable qu'une femme illustre a peinte « souffreteuse

1. Projet d'un poème, par Alfred de Vigny. (V. *Journal d'un Poète.*)

H

et forte, jolie et fanée, gaie comme un enfant, triste et bonne comme un ange. »

C'est le plus inexplicable des contrastes
qui lia le mélancolique *chevalier de Malte* à
la folle comédienne. C'était une bonne fille
qui appelait un célèbre auteur dramatique
« grand chien, » et qui était assez mal pré-
parée au rôle grave et sacré que le poète
voulut lui destiner.

Elle qui parlait des « grandes dames »
avec un naïf étonnement, avait plus de génie
dramatique dans l'âme que de bon ton dans
sa personne ; et l'inspiration, en cessant
d'animer ce corps frêle et à demi brisé, lui
laissait plutôt l'attrait de la souffrance que
celui de la grâce et de la dignité. Parfois
le gentilhomme dut trouver que sa dame
était un peu bien rieuse et que la langue des
coulisses, que la comédienne parlait dans
toute sa richesse pittoresque, convenait peu à
l'expression des plus saintes choses du cœur.

Il dut comprendre aussi, mais plus diffi-
cilement et plus lentement, que son immua-

ble solennité lassait une âme de femme qui
n'était ni celle d'Hypatie ni celle de sainte
Thérèse.

« Je ne sais pas si l'apprêt qu'il exige n'est
pas un des germes de mort de l'amour, » se
dit un jour le gentilhomme, mais il ne lui vint
pas un seul instant à l'esprit la pensée qu'on
pût simplifier quelque peu ces apprêts.

Une telle liaison, à laquelle la comédienne
n'a jamais rien compris, devait être fatale-
ment douloureuse et cruelle pour le *chevalier*.

La faute en est-elle tout entière à la
femme ?

L'inquiétude fut le seul caractère con-
stant de cette âme inégale. Ses aspirations
étaient élevées, ses découragements étaient
fréquents et la précipitaient dans des chutes
irréparables. Prêtant ses propres hésita-
tions à la jolie Magdeleine de Canova, en qui
elle se reconnaissait comme dans son type
éternel : « Je me demande, s'écria-t-elle un
jour, pourquoi elle pleure, si c'est du re-

pentir d'avoir vécu ou du regret de ne plus
vivre. Tantôt elle m'impatiente et je voudrais la pousser par la force à se relever ;
tantôt elle m'épouvante, et j'ai peur d'être
brisée aussi sans retour[1]. »

Puis, élevant sa pensée, elle se prit à en-
vier cette Madeleine « qui avait vu, qui
avait touché son beau rêve. — Où peut-on
rencontrer encore une fois le divin Jésus?
demanda-t-elle. Si quelqu'un le sait, qu'il
le dise, j'y courrai. Croit-on que, si je l'a-
vais connu, j'aurais été une pécheresse? »

Ainsi cette femme s'étonnait de ne pas
voir Dieu dans la nature. Anxieuse, hale-
tante, elle s'interroge, et une voix connue
eût pu lui répondre par ce chant d'un
stoïque désespoir :

. . . .

. . . .

Muet, aveugle et sourd au cri des créatures,

1. Madame Sand, *Histoire de ma vie.* (Voy. MM. de
Lamartine, Sainte-Beuve, Alexandre Dumas , etc., la
Biographie Didot, etc.)

Si le ciel nous laissa comme un monde avorté,
Le juste opposera le dédain à l'absence,
Et ne répondra plus que par un froid silence
Au silence éternel de la Divinité.

Cette âme qui s'égara « dans sa rage de
chercher l'amour » n'est-elle pas tout à
fait indigne de sympathie et d'intérêt ?

Toutes les créations de son génie ne se
groupent-elles pas autour de son ombre
pour commander un souvenir respectueux
et relever sa gloire ? Cette femme n'est-
elle pas sanctifiée par l'amour maternel qui
fut sa dernière, sa plus profonde et sa plus
malheureuse passion ? Qui lui peut refuser
l'indulgence ? Celui-là seul qui ne peut ou-
blier. L'indulgence est faite d'oubli, l'amour
a d'autres sévérités. Le poète l'avait dit :

« Amour de l'âme, amour passionné, tu
ne peux rien pardonner [1] ! »

La douleur du poète s'exhala dans un cri
sublime qui, par une généralisation propre
au génie, n'est plus seulement la plainte

1. Alfred de Vigny, *Journal.*

d'un homme, mais la plainte de l'homme
même.

Une lutte éternelle en tout temps, en tout lieu
Se livre, sur la terre, en présence de Dieu,
Entre la bonté d'Homme et la ruse de Femme,
Car la femme est un être impur de corps et d'âme.

. . . .

Elle rit et triomphe, en sa froideur savante,
Au milieu de ses sœurs elle attend et se vante
De ne rien éprouver des atteintes du feu.
A sa plus belle amie elle en fait l'aveu.

. . . .

Donc ce que j'ai voulu, Seigneur, n'existe pas!
Celle à qui va l'amour et de qui vient la vie,
Celle-là, par orgueil, se fait notre ennemie.
La femme est à présent pire que dans ces temps
Où, voyant les humains, Dieu dit : « Je me repens! »
Bientôt se retirant dans son hideux royaume,
La Femme aura Gomorrhe et l'Homme aura Sodome,
Et se jetant, de loin, un regard irrité,
Les deux sexes mourront, chacun de son côté.

Celui qui écrivait cela avait senti « la
terre lui manquer sous les pas; » son âme,
profondément tendre, était profondément
abîmée. Sur une des pages du journal écrit
pour lui seul, on lit ces deux lignes ·

« O mystérieuse ressemblance des mots !
Oui, amour, tu es une passion, mais passion
d'un martyr, passion comme celle du Christ !
Passion couronnée d'épines, où nulle pointe
ne manque. »

Samson, trahi par Dalila, avait subi s a
longue et cruelle passion. Mais, s'il avait relu
alors le même registre sur lequel il notait
son supplice, il eût trouvé cette pensée
sage, écrite quelques années auparavant :

« Quand on se sent pris d'amour pour une
femme, avant de s'engager, on devrait se
dire : « Comment est-elle entourée ? quelle
« est sa vie ? » Tout le bonheur de la vie est
appuyé là-dessus. » Il se fût souvenu que
« toute faute venant de la faiblesse mérite
la pitié, » et que les pieds d'airain des Destinées, ainsi qu'il l'a chanté,

> Pèsent sur chaque tête et sur toute action.

Alors, plus intelligent, il eût peut-être
été plus généreux.

XIV

Bene, bene, dignus es intrare
In nostro docto corpore.
MOLIÈRE.

Dès l'année 1812, Alfred de Vigny songea
sérieusement à s'asseoir parmi les membres
de l'Académie française. Cette ambition
était très-séante, croyons-nous, au gentilhomme qui avait honorablement tenu l'épée,
et qui tenait la plume avec distinction ; à
l'esprit lettré, décent et poli qui charmait,
bien qu'avare de s'y produire, les plus bril-
lants salons de Paris. Tels étaient, ce nous
semble, les véritables titres d'Alfred de Vigny
à l'Académie française. Il avait bien écrit

alors *Moïse, Eloa, Stello, Servitude* et *Chatterton* ; mais ce sont là des œuvres de génie,
et le génie n'a rien à démêler avec les sociétés littéraires. Son existence ne s'agite pas
dans une urne, au roulement de trente neuf
boules ; pour paraître et durer, il n'a pas
besoin de procès-verbaux et de jetons de
présence.

Le génie est souvent solitaire et ignoré ;
parfois, il se dresse tout droit contre les
choses établies, alors il ne saurait devenir
académicien ; mais le génie peut hanter
aussi un homme tranquille, poli, qui vit
courtoisement avec les plus hauts personnages de la société ; dans ce cas, le génie
peut être académicien.

Il est trop aisé de condamner l'Académie
en montrant, couverts de poussière, les
noms qu'elle avait promis à une éclatante
immortalité, et en accumulant les noms lu-
mineux qu'elle n'a pas daigné se mettre en
frais d'éclairer de ses pâles et classiques
flambeaux. On raillerait moins cette res-

pectable compagnie, si l'on comprenait
mieux sa nature et sa destination. L'Académie n'a jamais songé à dresser définitivement les tables de Mémoire où lût toute la
postérité : elle réunit une quarantaine de
gens honorables et instruits dont les travaux
ou la vie témoignent d'un commun souci
des choses de l'esprit, et qui, dans leurs
relations sociales, s'honorent, à juste titre,
de cette distinction sociale.

C'est dans cet esprit que l'Académie française choisit généralement ses membres, et
c'est à ce point de vue seul qu'on a le droit
de juger ses élections. Et à ce point de vue,
il nous semble que la candidature d'Alfred
de Vigny n'était ni déplacée ni malséante.

D'ailleurs, les luttes académiques d'alors
offraient un intérêt littéraire qu'elles ont
perdu depuis que toutes les écoles se sont
réconciliées dans une paix faite de lassitude
et d'indifférence. En 1842, la grande bataille romantique était gagnée depuis longtemps, mais l'Académie marchandait chère-

ment le triomphe aux vainqueurs et ne leur ouvrait qu'à de longs intervalles l'accès de son capitole. Victor Hugo, en 1841, était plutôt entré en guerrier qu'en triomphateur. Mais, encore une fois, il s'agissait là des mœurs littéraires des candidats et non de leur génie.

M. de Vigny dut se résigner aux visites d'usage. Ces visites eurent des fortunes diverses : le candidat trouva parfois un accueil amical ; il fut fort bien reçu de M. Guizot, de M. Casimir Delavigne et du pauvre vieux Baour-Lormian qui, enseveli, les yeux déjà clos, dans son petit logement de Batignolles, souriait, fier du souvenir d'*Omasis*, son chef-d'œuvre tragique.

M. Thiers, dans son cabinet orné de tableaux et de bronzes, flatta le candidat dont la nomination était souhaitable pour tirer l'Académie « des nullités et des médiocrités. »

M. de Barante reprocha au solliciteur d'avoir été vanté par le journal des *Débats* et le rendit responsable d'un article élogieux signé par M. Cuvillier-Fleury, que M. de Vigny n'avait jamais vu de sa vie. Il trouva, en outre *Chatterton* une pièce anti-sociale, et soutint la thèse de cette impartialité littéraire qu'il a lui-même tour à tour, dans ses travaux historiques, embrassée avec une fidélité peu intelligente et repoussée avec une ardeur qui va jusqu'à la maladresse et l'injustice.

M. de Chateaubriand, «juché sur un fauteuil de travail de hauteur ordinaire, d'où ses pieds ne touchaient pas à terre et pendaient à quatre pouces de distance[1], » affirma à M. de Vigny « qu'il était le plus beau nom actuel, » mais lui opposa M. Pasquier, « qui n'avait rien de commun avec les lettres, mais qui voyait souvent madame de Chateaubriand et qui était fort aimable. »

« On n'oublie pas ces services-là, » ajouta le vieillard en souriant.

1. Alfred de Vigny.

Tous ces entretiens furent courtois. Ce sont de fines scènes de haute comédie. La visite à M. Royer-Collard fut d'un genre un peu plus bouffon.

Le vieux philosophe morose reçut M. de Vigny dans l'antichambre, debout, « enveloppé dans sa robe de chambre de Géronte, avec la serviette au col du Légataire universel[1]. » Et alors eut lieu, mot pour mot, ce mémorable entretien :

ROYER-COLLARD.

(Il était debout et appuyé à demi contre le mur.)

« Monsieur, je vous demande bien pardon, mais je suis en affaires, et ne puis avoir l'honneur de vous recevoir, j'ai là mon médecin.

ALFRED DE VIGNY.

Monsieur, dites-moi un jour où je puisse vous trouver seul, et je reviendrai.

ROYER-COLLARD.

Monsieur, si c'est seulement la visite obligée, je la tiens comme faite.

1. Alfred de Vigny. — Nous tirons de son *Journal* l'entretien qui suit.

ALFRED DE VIGNY.

Et moi, Monsieur, comme reçue si vous voulez ; mais j'aurais été bien aise de savoir votre opinion sur ma candidature.

ROYER-COLLARD.

Mon opinion est que vous n'avez pas de chances... (Avec un certain air qu'il veut rendre ironique et insolent.) Chances ! n'est-ce pas comme cela qu'on parle à présent ?

ALFRED DE VIGNY.

Je ne sais pas comment on parle à présent ; je sais seulement comment je parle, et comment vous parlez dans ce moment-ci.

ROYER-COLLARD.

D'ailleurs, j'aurais besoin de savoir de vous-même quels sont vos ouvrages.

ALFRED DE VIGNY.

Vous ne le saurez jamais de moi-même, si vous ne le savez déjà par la voix publique. — Ne vous est-il jamais arrivé de lire les journaux ?

ROYER-COLLARD.

Jamais.

ALFRED DE VIGNY.

Et comme vous n'allez jamais au théâtre,
les pièces jouées un an ou deux ans de suite
aux Français et les livres imprimés à sept
ou huit éditions vous sont également in-
connus?

ROYER-COLLARD.

Oui, Monsieur; je ne lis rien de ce qui
s'écrit *depuis trente ans;* je l'ai déjà dit à
un autre. (Il voulait parler de Victor Hugo.)

ALFRED DE VIGNY

(en prenant son manteau pour sortir et le jetant
négligemment sur son épaule).

Dès lors, Monsieur, comment pouvez-vous
donner votre voix, si ce n'est d'après l'opinion d'un autre?

ROYER-COLLARD

(interdit et s'enveloppant dans sa robe de malade
imaginaire).

Je la donne, je la donne... Je vais aux
élections; je ne peux pas vous dire comment
je la donne, mais je la donne enfin.

ALFRED DE VIGNY.

L'Académie doit être surprise qu'on donne sa voix sur des œuvres qu'on n'a pas lues.

ROYER-COLLARD.

Oh ! l'Académie, elle est bonne personne, elle est très-bonne, très-bonne. Je l'ai déjà dit à d'autres, je suis dans un âge où l'on ne lit plus, mais où l'on relit les anciens ouvrages.

ALFRED DE VIGNY.

Puisque vous ne lisez pas, vous écrivez sans doute beaucoup ?

ROYER-COLLARD.

Je n'écris pas non plus, je relis.

ALFRED DE VIGNY.

J'en suis fâché, je pourrais vous lire.

ROYER-COLLARD.

Je relis, je relis.

ALFRED DE VIGNY.

Mais vous ne savez pas s'il n'y a pas des ouvrages modernes bons à relire, ayant pris cette coutume de ne rien lire.

ROYER-COLLARD (assez mal à l'aise).

Oh ! c'est possible, Monsieur, c'est vraiment très-possible.

ALFRED DE VIGNY
(marchant vers la porte et mettant son manteau).

Monsieur, il fait assez froid dans votre antichambre pour que je ne veuille pas vous y retenir longtemps ; j'ai peu l'habitude de cette chambre-là.

ROYER-COLLARD.

Monsieur, je vous fais mes excuses de vous y recevoir.

ALFRED DE VIGNY.

N'importe, Monsieur, c'est une fois pour toutes. Vous n'attendrez pas, je pense, que je vous fasse connaître mes œuvres : vous les découvrirez dans votre quartier, ou en Russie, dans les traductions russes ou allemandes, sans que je vous dise : « Mes enfants sont charmants, » comme le hibou de la Fontaine.

(Ici Alfred de Vigny ouvre la porte, Royer-Collard le suivant toujours.)

ROYER-COLLARD
(pour revenir sur ses paroles.)

Eh ! mais je crois qu'il y aura deux élections.

ALFRED DE VIGNY.

Monsieur, je n'en sais absolument rien.

ROYER-COLLARD.

Si vous ne le savez pas, comment le saurai-je ?

ALFRED DE VIGNY.

Parce que vous êtes de l'Académie et que je n'en suis pas ; je sais seulement que je me présente au fauteuil de M. Frayssinous.

ROYER-COLLARD.

Et quelles autres personnes ?

ALFRED DE VIGNY.

Je n'en sais rien, Monsieur, et ne dois pas le savoir.

(Ici, il lui tourne le dos, remet son chapeau et sort sans le saluer, tandis que Royer-Collard reste tenant la porte et disant :)

Monsieur, j'ai bien l'honneur de vous saluer. »

— « Vieillard aigri de se voir oublié après avoir eu son jour de célébrité, » murmura le poète au sortir de ce tête-à-tête.

Deux ans se consumèrent en comédies de ce genre; enfin, le 8 mai 1845, le comte Alfred de Vigny fut nommé membre de l'Académie française, en remplacement de M. Etienne. Le récipiendaire dut composer le discours obligé, et, selon l'usage, le lire devant une commission à M. Molé qui se trouvait directeur de l'Académie, et qui, en cette qualité, devait répondre à M. de Vigny.

Jusques-là le discours du directeur avait été soigneusement caché à M. de Vigny; devant la commission, il fut escamoté par les amis de M. Molé, qui y aida en interrompant celui que ce discours intéressait le plus, en couvrant sa voix, en hâtant le rapport des conclusions à l'Académie qui attendait[1].

Le 29 janvier 1846, à la séance solennelle,

1. M. Sainte-Beuve (*Revue des Deux-Mondes*) se trouve en désaccord complet avec le journal intime du

M. de Vigny, revêtu de son costume, mais
ayant gardé la cravate noire « par un reste
d'habitude militaire, » lut, avec une gravité
un peu lente, un discours qui, pour être assurément la moindre page qu'il ait jamais
livrée au public, ne comptait pas moins
parmi les meilleures harangues académiques
qui eussent été prononcées depuis l'empire.
Seulement le discours était d'une longueur
inusitée ; prolongé encore par la lenteur du
débit, il fatigua une assemblée qui n'était
pas, comme la foule athénienne, composée
de grands écouteurs.

Aussitôt que M. de Vigny se fut assis,
M. Molé « d'un ton net et vibrant[1] » prononça le fameux discours où l'on entendit
ces inconcevables paroles :

poëte ; mais le récit de M. Sainte-Beuve est plein d'in-
vraisemblances et d'inconséquences, tandis que les notes
de M. de Vigny sont simples et logiques. Entre ces deux
témoignages, nous nous en sommes rapporté sans hési-
tation à la parole du gentilhomme « qui n'a jamais
menti. »

1. M. Sainte-Beuve.

« Vous êtes un homme de bien que j'ai toujours voulu prendre pour un homme d'Etat, parce que la fortune, maîtresse des destinées, vous a fait naître illustre, riche et beau. Vous n'avez jamais rien écrit que quelques pages à vingt ans, pour flatter le despotisme dont la faveur donnait des emplois et de l'or. Mais, académiquement, vous êtes trop fier de votre néant, pour que je puisse vous répondre par des critiques. Où les prendrai-je ? Le néant n'a pas de rival, et la critique ne mord pas sur rien. Je suis réduit au silence ! Ce n'est pas tout d'avoir la physionomie d'un homme agréable, il faut encore avoir l'âme d'un héros ou la parole d'un orateur : sans cela, il faut être poli si l'on ne tient pas à être juste. »

Ce discours est le seul monument littéraire que M. Molé ait légué à la postérité, il vaut qu'on s'en souvienne, comme témoignage du plus éclatant scandale que notre histoire littéraire puisse rapporter. Rien n'excuse, n'explique même ces injures qui nous sem-

blent à présent des impiétés. M. Molé
était trop étranger aux lettres pour em-
brasser la cause d'une école quelconque
de littérature, jusqu'à l'oubli entier de sa
dignité. Comme homme politique, M. de Vigny donnait trop peu de prise aux colères
du vieux ministre de Napoléon pour seulement les motiver.

Le comte Alfred de Vigny répondit au
discours de M. Molé par le silence, et
il refusa, comme marque publique de mé-
contentement, d'aller, selon l'usage, aux
Tuileries, présenté par le directeur; il ne
commença de siéger aux séances particu-
lières que du jour où M. Molé cessa d'être
directeur, c'est-à-dire le 1er juillet
1846.

Six semaines après, il fut présenté au roi
Louis-Philippe par le nouveau directeur,
M. de Salvandy. Voici, d'après M. de Vigny
lui-même, le récit de cette visite :

« *Lundi soir, 14 juin.* — Le roi, quand
on nous annonce, est debout, en habit brun,

son chapeau à la main. Il vient à moi sur-
le-champ, et me dit :

— Il y a seize ans, monsieur de Vigny, que
nous ne nous sommes vus. Vous comman-
diez un bataillon de la garde nationale et
les troupes qui gardaient le Palais-Royal.
Vous me faites grand plaisir en revenant, je
vous en remercie.

— C'est à moi, Sire, de vous remercier
d'avoir consenti à ce que je fusse membre de
l'Académie.

— Je le désirais au moins autant que vous,
monsieur de Vigny, et je suis bien heureux
de la position que vous y avez prise.

— J'ai su de quels termes favorables le
roi avait bien voulu se servir en approuvant
mon élection, et j'en ai été profondément
touché.

— Je vous remercie, monsieur de Vigny.
Voulez-vous aller revoir la reine, M. de
Salvandy vous y conduira.

La reine était assise à une des places
d'une table ronde autour de laquelle s'as-

soient toutes les princesses avec elles.

Elle faisait de la tapisserie. A sa droite était assise madame Adélaïde, sœur du roi.

— Je voudrais vous présenter M. de Vigny, lui dit Salvandy.

— Comment! me le présenter? dit la reine. Mais il y a vingt ans que je le connais! — Monsieur de Vigny, je suis charmée de vous revoir... Vous aimez sûrement à voyager : où irez-vous cet été?

— Peut-être en Angleterre, Madame, et ensuite chez moi, dans le midi de la France.

— Dans quelle partie du midi? me dit le roi.

— Entre Angoulême et Bordeaux, Sire.

— Ah! c'est un pays charmant.

— Oui, Sire, un jardin anglais à présent. C'est un débris qui m'est resté des terres de mes ancêtres, car le nombre est grand des châteaux que je n'ai plus. Il me vient de mon grand-père, le marquis de Baraudin, amiral dans l'ancienne marine de Louis XVI.

— Ah! je connais son nom parfaitement.

Il commandait une escadre à la bataille
d'Ouessant, sous les ordres de mon père.

— Oui, Sire, sous les ordres de M. le duc
d'Orléans et de M. d'Orvilliers, dont j'ai encore beaucoup de lettres.

En disant *mon père*, la figure du roi devint tout à coup triste et douce, son regard
pensif et mélancolique, mais pénétrant,
comme s'il craignait un mouvement d'horreur sur sa figure.

— Oui, Sire, dis-je encore avec le même
ton simple et calme, sous les ordres de M. le
duc d'Orléans. Je suis encore à comprendre
comment ces grandes flottes firent pour ne
pas se détruire ; c'étaient des *Armada* véritables.

— Je ne sais pas, mais ce qui vaut mieux
que tout cela, c'est la paix.

— J'ai entendu dire la même chose au
roi, il y a seize ans ; aujourd'hui il a accompli cette grande œuvre.

— Je l'espère, dit le roi avec un air de
satisfaction et de bonté. *Vous vous êtes retiré*

silôt que le danger des émeutes a cessé, tout le monde n'agit pas ainsi. Mais vous avez écrit beaucoup, vous avez bien fait.

Le duc de Nemours m'a parlé ensuite assez longtemps, debout au milieu du salon, avec beaucoup de douceur et un ton timide et un peu embarrassé, du temps où je l'avais connu.

— Vous n'aviez pas encore pris Constantine, lui dis-je; il m'a répondu :

— Oh! je l'ai vu prendre, avec un ton très-modeste et très-simple. . . . . .

La duchesse de Nemours est fort belle et m'a entretenu quelque temps enfin en me parlant de l'Angleterre. La duchesse d'Aumale ressemble à ces jeunes princesses espagnoles de la maison d'Autriche peintes par Murillo.

J'aime sa lèvre avancée et ses cheveux d'un blond pâle.

Elle me parla de Venise, où, à son grand regret, on va en chemin de fer.

La vue des Bourbons me donne toujours

un sentiment mélancolique. Toute l'histoire
de France semble ressusciter ses portraits
et reprendre ses grands rôles, quand on se
représente les princes qui ont eu les mêmes
traits sous d'autres costumes. — Leur race
ne perd rien de ses profils à demi espagnols.
— Le roi ressemble à Louis XIV à soixante
ans.

Il revient à moi vers la fin de la soirée,
et me dit :

— Vous verrez demain dans les journaux
que c'est moi qui suis l'auteur des désastres
du Portugal. MM. les Anglais ne m'épar-
gnent pas à la Chambre. Que pensez-vous
de cette affaire portugaise?

— Elle ressemble un peu, dis-je, à la
Fronde.

— Oui, pour l'inutilité des résultats.

— Et aussi parce que c'est une guerre de
grands seigneurs.

— Oui, il y a bien quelque chose d'aristocratique, mais ce n'est pas commun en
Europe..

Et il sourit avec finesse.

— Non, dis-je, ce n'est pas à présent notre défaut.

Il rit encore avec beaucoup de bonne grâce.....

Jusqu'à dix heures et demie, la famille royale m'entretint ainsi. »

Depuis, le comte Alfred de Vigny n'a cessé de suivre les séances académiques, avec cette assiduité infatigable qu'il mettait dans l'accomplissement de tout ce qui lui semblait un devoir.

Son influence fut sensible quand l'Académie couronna, dans les *poèmes antiques* de Leconte de Lisle, une des plus grandes œuvres de la poésie moderne.

XV

« Monsieur de Vigny fut doux
envers la mort. »

A. DE LAMARTINE.

Le comte Alfred de Vigny, à partir de
1835, garda le silence. Il se retira « dans
sa tour d'ivoire, » et là, sur le plus haut
degré, l'œil baigné de ciel, il continuait son
œuvre ; il écrivait les *Destinées*, poëmes
philosophiques plus graves peut-être encore,
plus sévères que les poëmes *antiques et
modernes*. Le penseur a mûri, il est dans
toute la force de sa virilité stoïque, et le
poète n'est ni desséché ni refroidi, seulement il a revêtu la sombre parure des jours

de bataille ; il a mis, sur sa tunique d'or une cuirasse d'airain pour le grand combat contre les destinées et contre les dieux. C'est dans le tranquille accomplissement de ce travail suprême que le poète achevait sa vie et son œuvre.

Montrer l'être humain luttant contre la destinée, tel avait été constamment le but de ce génie triste et pur. Les poëmes des *Destinées* terminent dignement cette œuvre.

On connaît le *Mont des Oliviers*, la *Mort du loup*, la *Maison du Berger* et cette merveilleuse *Colère de Samson* qui égale peut-être les plus beaux morceaux de l'auteur. Jamais la pensée poétique d'Alfred de Vigny ne s'accusa avec plus de force et d'originalité.

L'auteur ne voulut point que parût, de son vivant, le recueil des *Destinées*. Il était peu impatient des rapides succès : il avait le temps d'attendre ; d'ailleurs il voulait lui-même assister à sa postérité et voir plusieurs générations se succéder sur son der-

nier ouvrage, en le renommant. Noble et
charmante coquetterie du génie, il voulait
voir d'avance si sa lyre serait argentée ou
ternie par la poussière des temps.

Alfred de Vigny était patient. Il portait
longtemps son idée dans sa tête, sans en
précipiter l'enfantement, et il ne la livrait
au jour que sous une forme harmonieuse et
parfaite. Cette forme, il en revêtait ses conceptions avec bonheur, mais non sans travail. Il exécutait lentement et laborieuse-
ment, non certes par un souci puéril et
inintelligent de la forme, mais par un respect profond pour l'idée qui veut des vêtements décents et honnêtes. Alfred de Vigny
n'eut point ce malheur que M. Taine redoute
avec raison pour les artistes, de savoir trop
bien son métier. Ce poète heureusement ne
fut pas un habile; il ne s'absorba pas dans les
minutieuses préoccupations du métier : il se
garda à l'inspiration, à la pensée, il demeura

poète. En pétrissant l'argile d'un ongle complaisant, il n'oublia pas, comme plusieurs, d'y souffler une âme.

L'idée habitait longtemps sa tête avant de prendre un corps et de jaillir déesse. Aussi le poète a-t-il laissé, fixées sur le papier, bien des idées qu'il ne formula jamais en poëme, sortes d'ombres vagues et sans forme, destinées à la vie et qui ne verront jamais les régions de la lumière. Parmi elles, on distingue vaguement, comme les âmes promises à la terre, des Enfers virgiliens, d'abord, triomphante et glorieuse à côté du Satan qu'elle a sauvé, une seconde Eloa qui n'aurait pas eu, croyons-nous, la beauté de la première ; puis une Daphné, l'amante ou plutôt l'âme même de ce grand Julien l'Apostat, philosophe aux camps et César sans crimes. L'étude de ces conceptions non réalisées, mais indiquées sur des notes éparses ou dans le *Journal* intime de sa vie, révèlent un Vigny intérieur plus inquiet et plus spontané, mais toujours d'accord avec le Vigny public que nous connaissons.

Tel l'homme au dehors, tel il était chez lui. Les dernières années de sa vie furent intimes et isolées. Malade, il les passait auprès de sa femme malade, dans son appartement de la rue des Ecuries-d'Artois. Alfred de Vigny avait été nourri, élevé dans le faubourg Saint-Honoré ; il y avait perdu sa mère, c'est là qu'il voulait mourir. Ce quartier plein de bruit, mais d'où l'on voit des arbres, ces rues aristocratiques bordées d'hôtels plaisaient au gentilhomme : il y avait telles pierres grises que le poète ne pouvait voir sans émotion, tels coins de murs qu'il regardait abattre avec attendrissement.

L'appartement de M. de Vigny, au second sur la rue, était vaste et sévère : on se sentait chez un soldat. Le tableau le plus apparent du salon, et qu'une glace répétait à l'autre extrémité, était un beau portrait du poète Régnard, peint par Largilière. C'était un portrait de famille : le comte de Vigny descendait de Régnard par sa mère, et il

avait longtemps médité une comédie roma-
nesque sur la vie de son comique ancêtre.
Le visiteur remarquait aussi, sur une con-
sole, une terre cuite représentant une vierge
aux grandes ailes, une belle archange assise
et rêveuse; celle-là aussi était de la famille:
c'était la fille idéale du poète, Eloa dont
une main inconnue avait modelé l'image et
que M. de Vigny avait reçue d'Italie sans
jamais savoir de qui il la tenait. C'était une
œuvre fine et délicate, d'un sentiment ex-
quis, dont le poète faisait le suprême éloge
en y reconnaissant sa pensée. Enfin, dans un
coin sombre, on apercevait près d'un billot
de bronze deux têtes de bronze, les deux
têtes de de Thou et de Cinq-Mars. Dans cet
intérieur aristocratique et sévère, le poète,
sur une chaise longue, drapé dans son manteau de soldat, se regardait tranquillement
mourir.

La vieillesse et la souffrance avaient passé
légèrement sur son visage et n'avaient ni
plié ni épaissi sa taille élégante. Ses che-

veux étaient presque blonds encore. Le
comte Alfred de Vigny ne paraissait point
un vieillard : son beau front avait gardé
l'âge de son génie, car le génie a un âge
immuable et éternel. L'Homère de l'Iliade
est un grand vieillard blanc, le Virgile de
l'Enéide est un jeune homme aux longs
cheveux. Qui voudrait reconnaître l'auteur
du Moïse et du Jugement dernier dans le
portrait exact d'un Michel-Ange à vingt
ans ? Personne, car le génie de Michel-Ange
n'a jamais eu vingt ans. Nous nous offen-
sons d'un portrait de Victor Hugo jeune ou
de Lamartine vieux, et avec raison, parce
que le vrai Victor Hugo, le Hugo idéal, a
la solennité savante de la vieillesse, et le
véritable, l'éternel Lamartine, a l'épanche-
ment poétique et spontané de la jeunesse.
   L'Alfred de Vigny des poëmes de *Stello*
et de *Chatterton* apparaît beau, jeune et
blond ; et, moins l'idéalisation, tel était le
Vigny de la réalité. Cette conformité entre
l'homme et le poète est assez commune ;

Racine, tel que le montrent ses tragédies et les portraits contemporains, en est un des exemples les plus frappants. Au reste, Alfred de Vigny avait des rapports moins fortuits avec l'auteur de *Mithridate*, qu'il jugeait d'ailleurs assez mal et qu'il aimait peu.

Alfred de Vigny gardait, dans l'intimité, cette dignité un peu apprêtée dont il ne se dispensait pas même envers lui-même.

Il écrivait ses derniers poëmes de cette même grande écriture royale que nous voyons si fièrement tracée par toutes les mains héraldiques du siècle de Louis XIV.

Il recevait quelques amis qui, tous, ont gardé de lui un souvenir sympathique. D'abord son camarade de jeunesse, son brave et fidèle ami Antoni Deschamps, vrai poète et grande âme qui, par ses vertueuses colères et son enthousiasme candide, étonnait quelquefois le sceptique gentilhomme ; ensuite, M. Louis de Ronchaud, l'auteur de *Phidias*, âme sereine et profonde, sévèrement enfermée dans sa conscience d'artiste et de citoyen. Puis M. Guillaume Pauthier, sinologue, fidèle adorateur de la Chine, infatigable compagnon de Marco Polo ; puis M. Jules Lacroix, l'honnête et patient traducteur de Sophocle et de Shakespeare, l'auteur de *Valeria* ; puis M. Louis Ratisbonne, littérateur distingué d'ailleurs, qui jugea à propos de donner une nouvelle version poétique du Dante, après les belles traductions en prose et en vers de Lamennais et d'Antoni Deschamps.

Ils étaient, avec quelques autres, les amis du poëte ; il s'entretenait avec eux de ce ton grave et un peu lent qu'il ne quittait guère, et ne riait jamais.

Le rire est absent de ses écrits autant que de ses lèvres. Ni le rictus aristophanesque, ni l'énorme grimace rabelaisienne, ni le pli comique et douloureux de Molière, n'a ridé les traits limpides de son visage et de sa muse. La joie est bonne, mais la tristesse est sainte. Alfred de Vigny n'a pas le rire, en est-il moindre ? Non, assurément. Qui donc a entendu le rire du Virgile ou du Dante ? Le rire eût été une difformité sur le visage placide d'Alfred de Vigny.

Il se souvenait d'avoir servi. Il aimait à parler en soldat à son ami le général de Ricard, vieil officier de l'empire, qui souriait tant soit peu de s'entendre traité de confrère.

M. de Vigny redevenait poëte avec le fils du général de Ricard, M. Louis-Xavier de Ricard, qui avait alors publié un recueil de vers et qui dirigeait la *Revue du Progrès*. Il promettait un grand avenir à ce jeune homme et l'estimait jusqu'à critiquer minutieusement et sévèrement toutes ses productions.

Ainsi, dans le commerce intellectuel de quelques bons esprits, s'éteignait lentement le plus galant homme de son siècle. Sa femme se mourait près de lui. Elle le devança de six mois; ce fut, pour l'âme vertueuse de M. de Vigny, un triste mais profond soulagement, il pouvait mourir. Dès

lors, il assista indifférent aux progrès du
vautour, du cancer qui lui dévorait les en-
trailles, et dont il attribuait la naissance à
ses longues veilles et à ses travaux nocturnes :
car il composait la nuit, et les bruits du jour
interrompaient à peine la marche lente et
grave de son idée. Jusqu'au dernier moment le comte Alfred de Vigny s'occupa des
choses de la pensée; les derniers livres qu'il
lut furent les affinités électives de Goëthe
et un tome des drames historiques de Shakespeare. Enfin le dernier des Vigny mourut le 17 décembre 1863, dans sa 66e année.

Il avait légué la propriété de ses œuvres
à M. Louis Ratisbonne, homme de lettres,
et son épée à M. Guillaume Pauthier, qui
avait servi sous ses ordres dans le 55e de
ligne.

Le corps d'Alfred de Vigny fut conduit
au cimetière Montmartre. Il n'y eut pas de
discours sur sa tombe, car il avait défendu
qu'on en prononçât aucun.

Cette tombe est simple et sévère ; elle est inconnue des gardiens et des jardiniers, à qui personne ne la demande.

Maintenant le nom d'Alfred de Vigny brille de cette gloire discrète que donne l'admiration des bons esprits. C'est la seule gloire que le poëte ait aimée, et il l'attendait avec confiance. Il haïssait la popularité à l'égal d'une profanation, et voulait que sa mémoire, pareille au feu sacré, fût entretenue par un petit nombre de mains pieuses, mais qu'elle ne se répandît pas comme un incendie qu'allume au hasard l'ivresse populaire et qui s'éteint sur des ruines.

NOTE

Voici d'importants détails bibliographiques qu'un poëte, M. J.-M. de Heredia, nous a amicalement adressés.

Nous voulons offrir cette note dans son entier aux amis d'Alfred de Vigny.

A Monsieur A. FRANCE.

« Le respect de soi-même et de son œuvre est une de ces rares qualités faites pour inspirer une respectueuse admiration. Tel est le sentiment que j'ai toujours éprouvé pour Alfred de Vigny. Je vous suis donc très-reconnaissant, cher Monsieur, de vouloir bien me permettre d'attacher mon nom, par ces quelques notes, à un livre consacré à cette noble mémoire.

La première édition des Poëmes d'Alfred de Vigny est une plaquette in-8 de 158 pages, assez bien imprimée, qui a paru en 1822, sans nom d'auteur, sous ce titre :

POÉSIES.

HELENA,

Le Somnambule, la Fille de Jephté, la Femme adultère, le Bal, la Prison, etc.

À PARIS, CHEZ PÉLICIER, LIBRAIRE,
Place du Palais-Royal, n° 243.

1822.

De l'imprimerie de Guiraudet, rue Saint-Honoré, n° 315.

Voici la table du volume :

Chant second, le Navire.
Chant troisième, l'Urne.

Note.

POEMES ANTIQUES.

La Dryade.
Symétha.
Le Somnambule.

POEMES JUDAIQUES.

La Fille de Jephté.
Le Bain, fragment d'un poëme de *Suzanne.*
La Femme adultère.

POEMES MODERNES.

La Prison.
Le Bal.
Le Malheur, ode.

Vous remarquerez que ni *le Bain d'une dame romaine*, daté du 20 mai 1817, ni *la Neige* (1820), ne sont contenus dans l'édition originale. En outre, le poëme de *la Femme adultère* a été considérablement remanié. Dans mon exemplaire, il contient cinquante vers, assez médiocres d'ailleurs,

qui ont été retranchés depuis. L'introduction qui précède *Helena* ayant été, en même
temps que le poëme, retranchée dans les
éditions postérieures, mérite d'être citée,
ne fût-ce qu'à titre de curiosité :

« Dans quelques instants de loisir, j'ai
fait des vers inutiles ; on les lira peut-être,
mais on n'en retirera aucune leçon pour nos
temps. Tous plaignent des infortunes qui
tiennent aux peines du cœur, et peu d'entre
mes ouvrages se rattacheront à des intérêts
politiques. Puisse du moins le premier de
ces poëmes n'être pas sorti infructueuse-
ment de ma plume ! Je serai content s'il
échauffe un cœur de plus pour une cause
sacrée. Défenseur de toute légitimité, je nie
et je combats celle du pouvoir ottoman. »

Je dois aussi vous signaler dans le *Journal d'un poëte*, publié par M. Ratisbonne,
des fragments d'*Helena*, où les vers 5 et 6,
page 282, doivent être ainsi rectifiés :

Elles savaient chanter, non les profanes dieux,
Apollon ou Latone à Délos enfermée,

Minerve aux yeux d'azur, Flore ou Vénus armée.

Je m'étonne encore que M. Ratisbonne, poëte et exécuteur testamentaire d'Alfred de Vigny, ait laissé imprimer un tel vers (*Journal d'un Poëte*, page 285) :

«Que conservent aux Grecs l'amour et leurs arts précieux.»

Il est ainsi imprimé dans l'édition originale (p. 33, vers 4) :

«Que conservent aux Grecs l'amour et leurs beaux cieux.»

Dans l'édition de 1822, la page 67, qui précède les Poëmes antiques, est remplie par une seconde introduction ainsi conçue :

« On éprouve un grand charme à remonter par la pensée jusqu'aux temps antiques : c'est peut-être le même qui entraîne un vieillard à se rappeler ses premières années d'abord, puis le cours entier de sa vie. La poésie, dans les âges de simplicité, fut tout entière vouée aux beautés des formes physiques de la nature et de l'homme ; chaque pas qu'elle a fait ensuite avec les sociétés,

vers nos temps de civilisation et de douleurs, a semblé la mêler à nos arts ainsi
qu'aux souffrances de nos âmes. A présent,
enfin, sérieuse comme notre Religion et la
Destinée, elle leur emprunte ses plus grandes beautés. Sans jamais se décourager,
elle a suivi l'homme dans son grand voyage,
comme une belle et douce compagne.

J'ai tenté dans notre langue quelques-
unes de ses couleurs, en suivant sa marche
vers nos jours. »

Telle est la préface de ces poëmes, sorte
de légende des siècles pressentie, où Alfred
de Vigny eut la gloire de devancer Victor
Hugo.

                    José-Maria de Heredia.

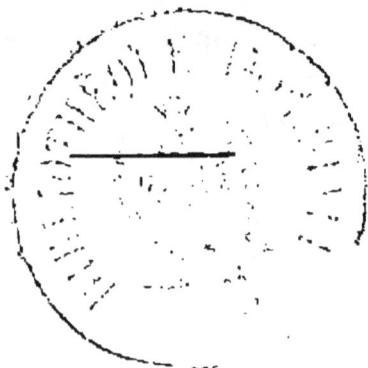

ACHEVÉ D'IMPRIMER

Le 20 mai 1868

aux frais de la librairie

BACHELIN-DEFLORENNE

PAR

JULES BONAVENTURE.

LIBRAIRIE

BELIN-DEFLORENNE

SÉLECTION DU BIBLIOPHILE FRANÇAIS

Ouvrages en vente :

[...] et ses œuvres par ARMAND [...]
[...]

[...] DE GILIPPE MOREAU [...] introduction et notes par ARMAND LE [...] vol. [...]fr.

[...] en suite à la Chêpaie, par L. Halis [...]
[...] fr.

[...] DE LAMARTINE, par ARMAND [...]

LA [...] DE BÉRANGER, par CHAL [...]
vol.

[...]

[...] par Alphonse [...]

www.ingramcontent.com/pod-product-compliance
Lightning Source LLC
Chambersburg PA
CBHW072247270326
41930CB00010B/2296